A Love Letter For You

寫給你的情書

花花 ／ 著

Contents

推薦序

-

收到花花的第一本書「那些女神不告訴妳的事」時，覺得非常驚訝，畢竟我自己在臉書上的文字偏向政治法律，難道她對於這樣的生硬內容也會有興趣？直到我閱讀了第一本書，才知道她是個才貌兼備的女孩，因此對於這本新書，當花花邀請我為她寫序，當然義不容辭。

如果説第一本書是談如何照顧自己，第二本書就是談如何照顧彼此。在愛情的領域裡，沒有人會是常勝軍，無論自己的條件多好，總是會有看不入眼的人。所以當花花以她流暢的文字告訴讀者如何善待自己以後，接下來她想告訴讀者，如何溫柔的善待自己的愛情。這本書的書名是《寫給你的情書》，乍看之下或許會以為談的是愛情，但是花花真正想談的，還是如何善待自己，在愛情的氛圍裡，讓自己能夠更好。

愛情不值得奮不顧身去愛，這樣的愛不是愛對方，而是愛自己。所以與其遍體鱗傷，不如好好的面對自己的情緒與感受，不要失去自己而去迎合對方，畢竟終究還是得回歸一個最真實的命題，生命中，我們最需要陪伴的人，就是自己。

律師　呂秋遠

花花不到 20 歲即以亮眼的外貌與直率的個性打出知名度，還曾多次獲頒人氣部落客獎，並廣泛參與各大談話性節目。認識花花是因為我們去年做了一個知名美妝部落客的採訪，第一次見到她時，覺得她是一個漂亮又性感的女孩，在訪談的過程中，越發現她是一個很有內涵又有主見的女生，因此對她這個人留下了深刻的印象。

後來，我們因公司業務上的合作，有了更多溝通交流的機會，我更加發現她對愛情兩性有非常獨到的見解，文筆也相當細膩感人！

在第一本新書《那些女神不告訴妳的事》上市後，即受廣大讀者喜愛的花花緊接著又推出第二本書《寫給你的情書》，因為花花非常熱於分享自己的觀察及想法，更希望能讓每個戀愛中的男女知道，在愛情中得到幸福的一些方法。

除此之外，此書也讓男生可以多瞭解女生的想法，並讓女生可以換位思考，了解男人的內心世界，讓男女不會再因為對彼此的不了解產生許多愛情的誤會，白白斷送了一段美好的緣分！花花的這本新書非常適合目前在愛河中的男男女女，也很適合目前單身但想進入愛情裡的人，讀者能學到更多愛情經營的智慧，成為一個可以愛得勇敢、愛得自信、愛得幸福的人！

女人幫滔客誌總編輯　Dr.Selena（楊倩琳博士）

自序

-

其實一直以來，我都覺得人生最困難的課題是「愛情」。

讀書、工作可以靠自己努力，沒有百分之百回報，也有一定收穫；
家人就算有爭吵磨合，但是他們一定永遠愛你；人際關係，對善
於與人溝通的我也一直不是問題，唯獨愛情。

我常常覺得，兩個沒有血緣關係的人在一起，然後成為最親密的
人，酸甜苦辣一起分享，人生高低陪彼此走過，建立家庭是一件
很奇妙的事。因為沒有血緣關係卻又是如此親密，剛開始的連結
只有「感覺」這兩個字，因為有感覺有好感有喜歡所以在一起，
也因此容易沒有了感覺而分開。就算感覺持續，但是生活中的價
值觀是再怎麼相合的兩個人都會有不一樣的時候，我甚至覺得「執
子之手與子偕老」的愛情是一種神蹟，而這種神蹟沒有血緣綁住，
是要通過感覺跟時間考驗才會有的，這根本是多渺小微乎其微的
機率啊，所以是神蹟。

我記得我第一本書只花了不到一半的篇幅在討論愛情這件事。那
時候的我什麼都想寫，於是寫了一本什麼都提到的書，很幸運的，
獲得好評，但是心裡一直有個小小的渴望：「好想來寫一本有關
愛情智慧的書」。

是的，你沒看錯，是「愛情智慧」，我不覺得自己是什麼兩性作家，
也不覺得自己在愛情裡有多厲害，但是我一直在學習的，就是從

自身的經驗跟別人的經驗裡學會反思，然後得到智慧。

只要你曾經身處在愛情裡就懂，比起臉蛋身材，比起家世學歷，你的個性跟智慧才是決定愛情去留的關鍵。「美麗讓男人停下，智慧讓男人留下」這句話不只適用於女生，我覺得在愛情裡，男女都要有一樣的智慧。

．

上帝給了我一個比別人強的恩賜，「觀察然後得到智慧，接著用文字去表達傳遞」，一直以來，我都很想用這項恩賜去祝福別人。雖然我不是男人，但是通過將心比心的觀察、通過別人跟我說的愛情故事、通過我身邊看到的一段又一段的悲歡離合，我有許多的想法跟思想，想分享給所有的男人跟女人。

這是一本不只寫給女人看的愛情書，雖然傳統上都會認為有關愛情的書是給女人看的，但是不代表男人在愛情裡就比較沒問題，相反的，他們通常有更多的問題（笑）。

在感情裡除了愛之外，最重要的就是相處跟經營的智慧了，而我相信這本書能夠給予你原本忽略或沒想過的愛情思維。我不保證你看了這本書後會一路幸福，愛情暢通無阻，但是我能保證，你會更懂得愛人、更值得被愛，並能在愛情的難關裡一一突破。

情書
使用指南

-

你可以這樣用：

當你好想要獨處，但是又不知道該怎麼跟另一半開口時，不如把書翻到 P24，留一張小紙條給對方，請他閱讀。

當你覺得不斷的付出好累，而且看不到回報，偷偷把這本書塞進另一半的包包裡，寫張便利貼貼上去，告訴他「寶貝，今天有空看一下這一篇好嗎？」

當你覺得，自己在這段感情裡好沒有安全感，但又不想要哭哭啼啼、大吵大鬧求一份安心，那麼，花一點時間，把 P96 的〈安全感〉看完，拿出紙筆把自己的想法寫下來，交給另一半，跟他說你把你的想法都寫下來了，請他看看。

親愛的，這本書的使用方法不是要你拿來指責他的，而是要你先學會自省。我也知道，在愛情裡有許多話說不出口，所以我用我的筆幫你們說出來。

上面說的方法，你也可以一個都不用，創造你自己的方式，不管你決定如何使用，最終我都希望你們能一起在愛情裡成長，傾聽對方的需要並且滿足對方，這樣，你們就會更加深愛彼此。

01

給妳的情書

什麼是
不同層次的愛情？

-

親愛的，在妳心中是否有一個完美男友的清單標準？帥氣、高大、富有、背景好、工作能力強、學歷高、聰明、有才華、幽默大方、疼妳，最好還是心靈伴侶？我想，每個女孩在單身時都會期望有一個完美伴侶，有些騎驢找馬的女孩甚至還會嫌棄現在身邊的這位不夠好，等待更好的男生出現。

人想往高處爬，這個通則大家都懂，只是，我們都不是小女孩了，也不再嚮往只要有感覺就好的戀愛。現實條件與愛情的衡量自有自己的標準，但是，在妳對這些對象有著期盼的時候，妳問過自己：這樣的男人會要我嗎？又或是，妳自己的條件有這麼好，配得上他嗎？

嘿！別把真愛最大放嘴邊。梁山伯與祝英台如果有結果，可能也會為了房貸繳不出來吵架；羅密歐與茱麗葉如果結婚，可能也會因為家事誰做而吵到快離婚。因為真愛往往過不了現實的摧殘，而古今中外條件相差太多的愛情通常都是悲劇收場的（妳問我，那王子與灰姑娘呢？親愛的，那叫童話！）

儘管如此，不同層次的愛情卻總是特別吸引人，因為中間會有折磨、波折，愛的深刻、愛的撕心裂肺好像才會讓人感覺到自己是活著的，父母反對的愛情好像更添加了浪漫。

但是，不同層次的愛情就是因為不對等，所以總是會遭遇非常多的考驗。

妳問，什麼是不同層次的愛情？

不對等的愛

張愛玲愛上胡蘭成時說：「初見他時，我變得很低很低，低到塵埃裡，但心裡卻是滿心歡喜的，因為在塵埃裡開出花來。」

當妳愛上一個妳很愛的人，不論妳自身條件如何，因為在乎，所以總是會擺出低姿態，生怕講了什麼他會不開心，害怕把真實的自己顯露出來，不敢對他發脾氣，不敢講出心裡話，一切都為了配合他，因為愛他，因此盲目的覺得這就是愛情。

如果總是妳比較愛他、付出較多，那很快地，被愛的那方就會變得任性驕縱，甚至會覺得這樣的愛食之無味、棄之可惜。除非妳可以這樣低姿態一輩子，否則不對等的愛，只會造成後續無止盡的爭吵以及不被愛而已。

現實條件不同層次

愛情談不談現實面？當然談！家世不對等、學歷一高一低、長相一美一醜，都是條件的不對等。兩個人相愛就好，但是條件好的那方真的會甘願屈就一輩子嗎？條件差的那方，心理的自卑會造成他多痛苦？

條件不對等不是不能談戀愛，只是條件差的那方不能耽溺在自卑裡自怨自艾、害怕失去對方。家世不夠好，但是我們可以在職場努力闖出自己的一片天、學歷不夠好可以靠閱讀來增加知識與內涵，先天外表不夠好，可以靠後天的鍛鍊與保養，讓自己變好。

只要肯努力，沒有什麼現實條件不同層次的。

思維不同層次

當他在跟妳分析人生體悟的時候，妳只想跟他聊今天偶像劇劇情、當妳想跟他聊內心層面的時候，他只顧著 LOL 積分多少，這樣的愛情你們能談多久？撇除掉現實條件，一對伴侶要走得長遠，心靈的連結與思想的交換一定要有的。

伴侶間如果無法談心聊天，無法走到彼此心靈深處，頭腦想的、嘴巴說的總是話不投機，你們能靠彼此外表的吸引與愛情的激情相愛多久？如果對方總是不知長進，或是妳自己也不思進取，那必須遺憾告訴妳，這樣的愛情，注定悲劇收場呀。

不同層次包含了由裡到外的不同層面，沒有一個人會永遠在較低的層次，端看自己願不願意改變而已。

身為一個女人，妳一定會想要在累了的時候，他能夠照顧妳，如果他無法這麼做，甚至需要妳照顧他，永遠像個小孩無法給妳安全感與肩膀，那要問問自己，妳願意這樣辛苦一輩子嗎？

親愛的，別談不同層次的愛情，因為那會讓你們兩敗俱傷。

為什麼
妳選擇的環境，決定了妳會遇見的男人？

-

親愛的，妳是不是常常抱怨遇不到好的男人？為什麼身邊的追求者或是單身的男人，不是愛情玩家就是沒有肩膀的軟爛人？不懂上進、無法和妳一起成長？

看著別人的另一半，不是事業有成，就是愛家顧孩子，或是彼此有相同的興趣以及目標，對愛情專一對、負責，回頭看看自己，不免自怨自艾的抱怨，為什麼妳都遇不到理想的對象？

抱怨別人、責怪上帝很容易，但是妳敢回頭檢視妳自己嗎？妳又為了妳的「愛情環境」負了怎樣的責任呢？

如果妳總是常常流連夜店，在那裡認識對象選擇伴侶，那妳怎能希望遇到不貪玩不出入聲色場所的伴侶？

又或是，妳總是跟酒肉朋友群聚在一起，每天的聚會不是唱歌喝酒，就是逛街吃飯，妳要怎能遇見能夠陪妳一起閱讀、一起逛展覽的男人？

從小到大妳總是「對自己很好」，書不認真念、工作馬馬虎虎，不想精進自己，不喜歡閱讀、不喜歡吸收新知，對自己的外表也是得過且過。

逃避該負的責任、逃避成長跟蛻變會帶來的痛苦跟壓力，妳就讓自己處在得過且過的求學環境、不上不下的工作崗位、毫無意義的交友圈，還過著每天都差不多的生活模式，那又請問妳怎麼能遇到妳想要遇見的那種「理想對象」？當妳的生活連理想都稱不上，又要怎麼遇到對的人？

每個人對自己伴侶的期待都不同，不是錢賺得多、社經地位高，或是帥氣有品味就是理想對象，但是，當妳想要怎樣的伴侶，請妳自己先創造那樣子的環境。

喜歡努力賺錢有事業心的，妳自己的職位以及工作也不能太馬虎；喜歡高學歷的，妳不讀到像樣的學校要怎麼遇見那樣的他？喜歡有才華會音樂有藝術天分的，如果無法彈出美妙樂章或畫出美麗圖畫，至少也要有欣賞藝術的能力，對於音樂藝術有基本的認知。

否則，遇到這樣的對象時，他又要怎麼覺得和妳心有靈犀呢？

當妳把自己放到怎樣的環境裡，就幾乎決定了妳會遇見什麼樣的對象。或許妳可以期待神蹟，有白馬王子會看見妳的好，突破荊棘迎面走來拯救妳。但請知道，神蹟也要靠自身努力，不然神也幫不了妳喔！

妳選擇了怎樣的環境，就等於選擇遇見怎樣的男人。就像是在寒帶國家裡，永遠結不出熱帶島嶼的果子、沙漠裡開不出美麗的玫瑰花道理一樣。

為什麼
在一段感情裡，要給對方時間獨處？
-

妳跟他交往了三個月，經歷了所謂的熱戀期。在這段時間，他對妳百般呵護、無時無刻都想見到妳，每天還有甜蜜接送及三餐問候，突然間，妳覺得就是他了。

在妳心裡，你們的這段感情比其他朋友的都還完美，因為你們沒有一般情侶的冷淡期、磨合期，你們的熱戀讓妳自信滿滿地覺得這輩子就會這樣親密下去。

突然不知道從哪一天開始，妳開始覺得不對勁了，纖細敏感的妳說不出來哪裡不一樣，但是，妳可以感覺到他的態度似乎比較冷漠了。

妳喃喃自語：「平常這個時間他都會敲我啊！」、「他好像有三天沒說愛我了！」、「他怎麼最近都沒有很想見到我？以前只要一天不見我，就開始說想我了」，雖然妳這麼想，但是他還是一如往常地關心妳、照顧妳，只是妳知道，他感覺似乎有點疏離了。這個感覺妳很熟悉吧？幾乎每個女孩在愛情裡都會走過這一段，這時的妳應該在胡思亂想：「他是不是沒這麼愛我了？」、「他有別人了嗎？」、「我們會不會就這樣疏離下去了？」

然後過了幾天，他又突然恢復到原本的熱度，好像之前胡思亂想的妳是個神經病，而面對妳的患得患失，他也滿頭問號像是什麼都沒發生過一樣。

親愛的，妳知道嗎？在感情裡，哪有天天都在過年的？妳愛喝珍奶，每天喝一杯會不會膩？橡皮筋拉到最極致，久了會不會疲乏？何況是一個活生生的人哪！和妳親密久了，他也需要轉換重心到工作上或是朋友上，甚至是什麼都不做在家與自己獨處啊！

每個人都需要親密關係，但是每個人也都需要獨處，尤其是男人！他們與生俱來的本能除了照顧妳、給妳肩膀外，他們也有自己的情緒以及壓力要處理呀。

或許妳會認為，妳可以傾聽他的壓力以及情緒，但請先問問自己，有時候除了傾聽與陪伴，妳是不是也需要獨處的時間，去與自己對話並且認識自己的身心靈狀態？

可惜的是，大部分的男人都像呆頭鵝似的，如果他口才不夠好、心思不夠細膩，他就沒辦法用文字，把自己真正的感受告訴妳，更別說可以像心理學家一樣分析自己的狀態了！

男人就像一個電池，獨處就是他的充電時間，充完電才有力氣花心思寵妳、讓妳開心，所以當他無法用文字表達自己想要獨處時，他會開始好像沒這麼黏妳了，這時女孩就感覺到被冷落、以為對方不愛妳了。有的女孩甚至會開始流淚、脾氣硬的開始發脾氣，

然後覺得委屈並且認為他不夠體貼。

只是，這真的不值得啊！如果在他需要空間與獨處時，妳給他的不是空間，而是壓力和負面情緒，他可能會開始害怕妳生氣而不敢獨處，表面上看起來好像還是一如往常，但卻不是真心的陪伴，這樣久了，反而會造成關係的緊繃。這，是妳要的嗎？

最好的方式，就是在他需要獨處時，妳慢慢地讓出一個位置，做自己的事，也讓自己充電，等到兩人都充好電後再相聚，相信你們一定會更甜蜜的！

沒有一個人可以完全解決妳的寂寞與依賴，他不是神，妳怎麼會要他做出神才能做到的事呢？

所以，女孩別擔心了，每個人都需要與自己獨處，他也需要，因為獨處時才可以真正地感受到心靈的自由、才能重新梳理彼此的情緒。在感情裡如果天天甜膩，時間一久，所有的甜蜜也會讓妳習以為常，變成不甜蜜的。

如果妳愛他，多給他一點時間獨處吧！在這段獨處的時間裡，他也會想念妳的美好與體貼、想念妳的陪伴。 ♥

需要被需要

-

「人都需要被需要」，你認同這句話嗎？

我的好朋友 Gina 是個很獨立的女人，自己一個人住在外面、燒得一手好菜、會開車（技術好到有台北女舒馬克之稱）。生活大小事舉凡搬家、買 3C、修電器等，樣樣都能自己來。除了把自己照顧得很好之外，男友生活的一切她也幫忙打理——幫他整理房子、煮飯、掃地、採買日常用品所需。

所以要聽到她跟男友說：「Baby，下班可以來接我嗎？」或是「可以幫我選電腦嗎？」、「東西好重幫我拿」等之類的要求，幾乎是聽不到。

有一次她跟我說：「我男友說，跟我在一起他覺得自己很不被需要，我把自己照顧得好好的，甚至也把他照顧得很好，讓他覺得自己好像很沒用。我不懂耶，為什麼我已經努力做好，不讓他感覺到負擔了，他卻還是有怨言？」

親愛的，你知道嗎？在愛情裡，兩性作家鄧惠文曾說過「付出多或少，並不是決定關係品質的要件。付出的東西，如果不是對方有感覺的，用同樣的方式投入再多也不會產生愛情，只會把自己掏空。」

也就是說，妳做得要死，他卻感覺到不被需要。妳付出是為了要讓他滿足，但是他卻感覺不到滿足，這樣不是做白工嗎？

男人需要感覺「被需要」，只要他愛你，他就會渴望想要成為妳心中的 Superman（軟爛人我們不放在此列）。被需要的感覺可以使妳的男人感覺更強大。

還要偷偷告訴妳喔，付出對他們來說，如果能換得妳的滿足，他們會付出得越有勁，只要在他為妳付出或是精心準備的時候，告訴他妳有多麼感動以及欣喜，他們會願意付出更多，還會覺得自己非常有能力。

所以，有智慧的女人懂得適時的表達出自己的需要和脆弱，而男人想保護他人、解決問題的 DNA 就會在此時被激發。

許多「好」女人總是不停的對男人付出，做牛做馬，但是平衡的感情關係裡應該是雙贏的局面，妳為我付出，我也加倍疼愛妳，這樣的正向循環才是成熟的愛情。

試著找件妳一直希望他為妳做的事，跟他撒撒嬌吧！不要忘記囉，請在他能做得到的能力範圍之內，不然只會適得其反。

也不要忘記，當他為妳付出之後，給他一個吻或是擁抱，告訴他妳感到有多幸福，相信我，他會成為妳心中的中流砥柱的！

很多人追，so what?

-

妳是否羨慕過外表亮麗的女生身邊總是不乏一堆追求者？學生時期，校園裡的那些班花、校花，身邊總是有同學跟學長們爭先恐後地跟她們告白、送早餐、送禮物；出社會後，身邊也有些比較漂亮的同事，下班時總會看到不同的車子來接，情人節或生日時，桌上也有花束或巧克力。

妳好羨慕她們，覺得她們真是人生勝利組，如果我也有這種外表，我也可以被捧在手掌心！

但是請先問問自己，這樣被一堆男人追求，真的是妳要的「被捧在手掌心」嗎？

老實說，從我開始懂得打扮以來，我就開始嘗到這種甜頭，只要懂得巧笑倩兮，懂得將自己的外表打理好，有沒有人追一直不是我所擔心憂慮的。很多人追求的我不乏男生接送、請吃飯、看電影、送花送禮物，那些接受到一堆男生獻殷情的日子我很熟悉。

身邊的朋友總是戲稱我身邊是桃花林，好像我總是不缺男人，只要我願意，只要我手一勾，怎麼可能會沒有男朋友、沒有人愛我疼我？但是那時候的我並不感到快樂。

或許會有一種虛榮的滿足感，好像越多人競標、越多人搶奪，就顯

得妳越有價值。

「但是妳是物品嗎？」有一天我這樣問自己。

我知道我不是一個物品，不是只有外殼沒有內涵的花瓶，我有靈魂，我要的不是被搶奪被追求，我要的是一個男人真實的愛我。而這些追求我的男生，哪個是真的了解我？哪個懂得妳的內心，甚至他們知道他們自己要什麼嗎？大部分的他們都只是因為喜歡妳的外表，接著賀爾蒙上升於是瘋狂迷戀妳，但是，這樣的迷戀能撐多久呢？

常常被瘋狂追求的我並不滿足，直到我被一個真心愛我的男人愛過後，才知道，多少人追不重要，一個層次夠高的男人愛妳才是最終的幸福。

這裡的層次不只是條件論的層次，而是包含了智慧、思想、內涵、才華、深度、成熟、責任感、善良、堅強，身心靈也都健康。

很多漂亮的女生（例如藝人、小模）身邊總是有許多狂蜂浪蝶，也

常常會從裡面挑出一個條件最好的，或是付出最多的，但是，卻常常因為男生玩膩了，或是愛上別人了而收場。她們常常跟我說，內心感受不到踏實感跟幸福。

大家都認為他們不缺男人，但是她們卻覺得缺乏幸福。因為不管多少人追，他們都是過客，他們頂多只是增添妳人生一點色彩的人，卻不是會永遠填滿妳人生空缺的那個人。

真正一個層次夠高的男人，他知道他要什麼，他知道他不但愛妳的外表也愛妳的內心，他有把握就算妳老了胖了醜了，他也不離不棄，他知道牽了妳的手就是要執妳的手，與妳偕老。

他的責任感願意背負起妳跟他的未來，他的智慧知道跟妳意氣用事沒有用，他也願意跟妳溝通為妳著想。他的深度可以給妳人生方向的建議，他的身心靈都健康，雖然他也會有軟弱脆弱的時候，但是他不會透過傷害妳或傷害自己來達到他要的目的。他坦蕩而善良，而不是城府深又自私自利。

妳是否覺得這樣的男人很難遇到？是啊！所以我們都還在幸福的路上努力著。

或許沒有一個人是這麼的完美，但是總是有接近完美的對象，而這樣的人愛著妳，陪妳走過人生風雨，才是妳真正的最終的幸福喔！

這種幸福才是真實而踏實的，不是狂蜂浪蝶的追捧可以比擬的，所以別在羨慕那些種很多人追的女人了！好好的充實自己，讓自己也當個「層次夠高的女人」，才有機會有層次夠高的男人來愛妳！

愛情不是單行道，ok?

-

親愛的，被愛的滋味很棒吧？跟姊妹出去時，一通電話他就來接妳、好朋友來的時候，一通訊息黑糖奶茶就送到妳面前、心情不好時妳一皺眉他都揪心。

體貼的他總是想要讓妳開心，把妳的幸福當作他的責任。如果妳的男友是這樣的愛妳以及總是為妳付出，相信妳在愛裡一定感受到滿滿的幸福滋味。

但是人很奇妙，當對方卯足心思全力在為妳付出時，似乎久了就變成理所當然。

總是在接受愛的那方忙著享受，卻鮮少有人會想著該怎麼回報對方的愛。

世界上有兩種愛，一種是不求回報的，例如神的愛（說神，就是說幾乎沒有人能做得到）；一種是要求有回報的，就連父母的愛都是希望妳能用孝順聽話來回報，何況是跟妳沒有血緣關係卻愛著妳的那個他呢？

我有個朋友是著名的愛情裡的「女王」。她的男友總是在朋友圈裡被叫做「馬子狗」。很難聽吧！偏偏她還為此得意洋洋，總是跟我們炫耀她男友有多愛她，為她付出多麼的多。

而當我每次問她：「那妳為了他做了什麼？」她總是答不出來然後告訴我：「拜託，我願意跟他在一起，就是他最好的禮物了。」而我總是會在她耳邊碎念，希望她能夠學著付出，在愛情裡可以體貼對方，不然人是會疲乏的，當他一直在給予而無法回收時，總有一天他會爆發。

但是，她完全不把我的話當作一回事，因為在她心裡，這麼聽話又總是配合她、非常害怕失去她的男友怎麼可能會受不了離開她？

就這樣她們交往了五年，上個月的某天半夜她哭著打給我說：「怎麼辦！他說他心灰意冷不想再愛了，他說他感受不到我對他的付出，他要跟我分手！」

歌手蔡依林在＜倒帶＞中曾唱道：「而我對你的期待，被你一次次摔壞，已經碎成太多塊，要怎麼拼湊跟重來。」

這一句話道破了世間多少男女的難題？許多伴侶在感情裡總是一再地失望，最後心灰意冷無法再愛的時候，對方才突然驚覺，卻已經來不及了。

在愛情裡付出是一種甜蜜的負擔。因為「愛」，所以願意付出時間、金錢、心思、力氣去愛一個人。付出很有趣、很好玩嗎？一點也不，付出很累人，更不是一件輕鬆的事。但是，因為愛因為甜蜜，付出變成一件美好的事。只是人都需要被愛，要享受被愛很簡單，要學會「愛人」卻很困難。愛人不是總把「我愛你」掛在嘴邊，卻什麼都不做，除了親密的言語，更要實際的行動讓對方感受到「被愛」。

另一半也是有血有肉有靈魂的人，他也需要感受到妳的關懷跟妳的付出。

「付出」就像是在妳們的愛情銀行「存錢」。平常總是他在存錢妳在領錢，他總有被掏空的一天。但是如果是兩個人一起存錢，為對

方彼此付出，那在「領錢」（吵架、爭執、磨合、誤會、低潮）時，愛情銀行裡的存款也不至於負債。但是如果妳總是不付出，那很快的，他會存得好累好疲乏，而妳也別想再感受到他的付出。

愛他，就別總是讓他為妳付出，愛情是雙向道，一來一往才能譜出漂亮的結局，如果只有單方面的付出，那這樣的愛很快就會隨著時間斷裂的。

蜘蛛人
情結

-

親愛的，妳知道什麼叫做蜘蛛人情結嗎？簡單的來說，就是每個男人都想要「被需要」。這種被需要像是英雄救美般的感覺，會讓他們的心靈感受到強大，讓他們打從心裡覺得自己是個有用的人。

跟妳說個秘密，其實以前的我非常的倔強，總是不喜歡示弱，不喜歡直接告訴對方，他做了什麼或說了哪句話會讓我感覺到幸福滿足。我總是一廂情願的認為「把自己打理得好好的，他就會愛我，他就會感覺到滿足」。

只要我夠好，他應該會很有面子、很滿意才是！但是之後幾段感情的失去讓我迷惘了，我不了解為什麼我已經把自己打理好了，卻還是無法幸福？

妳是不是也有這種感受過，認為只要自己夠好，在愛情就可以一帆風順？但是，我必須告訴妳一個血淋淋的事實——他不會因為妳過著多好的生活，就有多愛妳，妳的好會是吸引他的條件，但是妳因為他而變得更好，或因為他而感覺到幸福，才是讓他感受到滿足的原因。

很多女人非常勇敢也非常努力，總是想說只要讓自己的生活無憂，

把自己照顧得好好的，不用讓他擔心、不增加他的負擔，就可以在愛情裡少點衝突與爭執。

但是，愛情裡這種一廂情願的犧牲或隱忍，真的是他要的嗎？

我們來試想一個情況，如果今天妳的男友各方面條件都非常好，心靈也很成熟、總是過得很好，沒什麼負面情緒也沒有人生太大的創傷，剛開始的妳會被他吸引並且欣賞他，但是久了是否會覺得：他有沒有我好像也沒差？我好像不是這麼重要，因為我影響不了他什麼？我有沒有跟他在一起似乎對他的生活起不了太多變化？我想妳也會有這種感覺吧！這就是男人的「蜘蛛人情結」，而妳的他也一定不例外。

在我的一段痛徹心扉被劈腿的戀情裡，最後對方跟我說了一句我這輩子都忘不了的話：「妳什麼都比她好，比她漂亮、比她聰明有趣、比她幽默，但是她比妳更需要我。」當時的我想也想不到平常電視劇裡的台詞會出現在我身上，我曾經懷疑那都是藉口，或許的確是包裝劈腿的藉口，但實際上，我也真的沒有讓對方感受到我因為他，而感受到多麼快樂。

我不把愛放在嘴邊，不把我因為他覺得好幸福放在嘴邊，因為我總覺得如果能自己解決的就自己解決，這樣他也不會這麼累。

我自以為是的體貼其實他根本不需要，他需要的是我因為他而綻放更多笑容，他需要的是我因為他而感覺到快樂。

之後我遇到另一個男生，他跟我說：「我的存在就是讓妳快樂的。」當下的我毫不猶豫地抱緊他，並且告訴他我有多感動，在這之後，無論他為我付出了什麼，只要我感受到幸福，我也會直接告訴他我有多快樂，而我的表白也讓他感到滿足。

這就是愛情裡最高的循環利息，他讓妳感到幸福，妳也讓他感覺到滿足。

試著讓他知道，因為他妳多滿足。因為他，妳變得更快樂更好；因為他，妳人生更有目標。因為他，妳不再覺得妳一直都是一個人。

把妳的感受讓他知道，他必定會更加努力的經營愛情，也會更感受到自己的付出是值得的。

如果他愛妳，
為什麼妳還要說服自己？
-

親愛的，妳每天睡前是不是常常跟自己對話？而通常這些話聽起來總是很激勵：「他是愛我的吧！他常常說他想我愛我」；「他是愛我的吧！我們相處的時候他總是這麼熱情」；「他是愛我的吧！不然他也不會跟我在一起」看似好像很正面的話語，但是只有妳心裡知道，如果不這麼說服自己，妳實在無法填補心裡那不安的空洞。

為什麼妳要這樣跟自己對話？是不是他總在沒有見面的日子讓妳找不到人？已讀不回、憑空消失、總是很忙？又或是他的臉書總是不停的加正妹然後跟對方搭訕、他總是誇獎其他女人的好，卻對妳嫌棄如敝屣？

又或是妳總是排在他的工作、家人、朋友、興趣之後，妳總覺得妳像是他無聊了才會想起的對象。甚至他身邊沒有人知道妳的存在，他朋友家人也都不認識妳，他總是把妳藏得像是小三一樣？

「但是相處時他對我的甜言蜜語很真誠阿！」、「但是他看到我時總是會一直吻我、不停抱我啊！」、「但是他說他愛我啊！」、「但是他也會關心我啊！」每當妳有所懷疑，心裡總會有這樣的聲音來說服自己不要患得患失，不要想太多不要多愁善感。於是這樣告訴

自己久了，不只騙過別人，也騙過自己了。

我認為「不要看男人說了什麼，要看他做了什麼。」如果你們的愛情還停留在青少年時期的荷爾蒙互相吸引而已，那或許每天的甜言蜜語跟身體接觸就能感覺到甜蜜幸福。

但是妳知道，妳老大不小了，已經開始有小孩會叫妳阿姨，妳也開始會看些輕熟女文章，或開始對於那些熟女找真愛的電視劇或電影有興趣的時候了。妳談的戀愛無法再這麼不踏實，無法再用虛無飄渺的感覺去說服自己是幸福的。

其實男人很聰明的，他愛一個女人的靈魂跟只是對她的外表或身體有興趣，他會分很清楚的。他的關心跟偶爾的噓寒問暖，老實說對普通朋友也會呀！

他看到妳總是熱情滿滿，或許也只是看到妳的外表，精蟲衝腦而已。我講得如此赤裸裸，目的只是想讓妳知道「他愛妳，不需要妳來說服妳自己，他會讓妳知道他愛妳」。

他會怎麼讓妳知道？他會讓他的親朋好友知道妳的存在、不讓妳受委屈、他會真實的照顧妳，妳病了帶妳看醫生或買營養的食物給妳吃，而不是只是嘴裡說妳要穿暖一點、吃飽一點，卻看不出他有什麼作為。

他會擁抱妳內心最深層的脆弱，就算他無法救贖，他也能傾聽並且嘗試理解，接著用更多的愛去填補。而不是當妳的脆弱被他看見之後，他不太在乎甚至輕描淡寫地要妳不要活在過去。

「愛情是要走入對方的生命，而非只是生活。」妳想要踏實的愛情，穩定交往的愛情、彼此進入對方生命的愛情，如果他給不起，如果他只像是一個風花雪月的戀愛專家，那請妳別再說服自己，別再欺騙自己了。真正對的人言行如一，不用由妳說服自己。

還是，妳以為說服自己久了，就真的能騙過自己一輩子？

抱願
不抱怨

-

「你為什麼這麼不體貼？」

「一樣的事，到底要我講幾次，你才會改？」

「你根本沒在為我想，說穿了你就是一個自私的人！」

親愛的，妳不解為什麼身邊的那位先生有這麼多缺點嗎？他把妳從知性氣質的女人變成一個成天只會嘮叨的大嬸。相處的二十四小時裡，妳有一半時間以上在抱怨他的缺點、他的不體貼。

最可恨的是，他不懂就算了，竟然還感到煩躁、感到委屈！

他總是不懂妳到底要什麼，妳的抱怨對他來說是壓力，妳的眼淚對他來說是枷鎖，妳的怒氣對他來說像是鋒利的劍，到最後他看見妳就想逃，當發現妳又開始要對他抱怨時，他也不想跟妳溝通。

很委屈吧？每次想到這些，妳的心就像被刀片割過，眼淚總是忍不住潰堤。妳不懂，妳都是因為在乎他，也想要感受到他在乎妳。

為什麼他總是不懂，搞到最後又變成妳在挑起戰火，變成妳在生悶氣。妳曾經淚眼婆娑的望著他，但是他對妳吼著：「妳到底要我怎麼做才滿意？」妳問自己要求的真的很多嗎？妳只是希望他能夠改變呀！

我們來試著想想，當妳讀書時，爸媽看到妳的成績不理想，對妳說：「妳繼續混吃等死，不認真以後就後悔」；出社會後，上司對妳說：「為什麼妳就是做不出來我要的東西，不知長進？」妳的感受是什麼？妳第一個反應會是什麼？就算妳心裡知道自己真的有所不足，自己真的不夠努力，但是當被責備抱怨了，妳是否會想回嘴，並且開始疏遠這些人？

但如果爸媽的話改成：「下次把功課複習完，再看電視好不好？我知道念書很辛苦，但是這是為了妳的未來努力喔！」如果把上司的話改成：「還差一點點而已！妳就能做到客戶會喜歡的樣子了，妳也知道他們難搞，辛苦妳了！」妳的感受是否不一樣？是否會想更加努力，並且感覺到愧疚更努力去改變？

親愛的，這就對啦！我們要達到目的的方式有很多種，可以說的話也很多種，我懂妳的委屈，也懂都是因為在乎才會這麼說，但是讓我們也試著體諒另一半吧，因為沒有人喜歡被責備抱怨，大家都喜歡被鼓勵！

有時候男人就像小孩，妳多一點鼓勵，他才能夠表現得更好，因為他知道，他的改變會很值得。

開始學會把「抱怨」變成「抱願」吧！

別再像以前一樣，心裡不舒服時，難聽的話跟臭到不行的臉孔就擺出來。抱著正向願望，希望他能夠為你們兩個的將來多想一點（切記不是為了妳喔！是為了「你們」的將來），將抱怨轉成抱願，很快的他會發現妳的改變，而他也會願意改變。

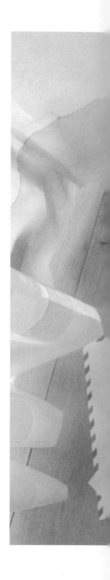

愛情裡週期性的低潮

-

親愛的，妳是不是有過這種經驗——突然沒來由的低潮、沒自信、想哭、心裡悶悶的？本來應該是在愛情裡幸福的自己，突然有一天早上醒來，陽光好像不是這麼耀眼，心情也不是這麼美麗？

通勤的時候想哭，看著窗外流動的風景，鼻子突然酸酸的，怎麼了，突然快樂不起來？或許現在的妳有一個妳愛的他，妳處在一段關係裡。這段關係看似沒什麼問題，但是那是因為善解人意的妳總是逃避衝突。

有時候其實妳不開心，妳感到不被愛、感到被忽略，但是懂事成熟的妳將這股不滿與怨氣壓抑下來，因為妳的智慧告訴妳，不要將自己所有的需要都要他來填滿。妳總是這麼懂事這麼體貼，他最愛妳這一點了。但是這樣也委屈了妳自己，妳多希望妳能像有些女生一樣驕縱任性，不開心就說、不滿意就抱怨，活得很自我，或許這樣妳會快樂一些。

人啊，壓抑久了總會需要出口。這麼體貼懂事的人，可能是因為月事快來了，生理影響心理，可能是看到朋友的男友對她呵護備至，所以突然妳感覺到孤單，妳想到那句話「真正的寂寞不是沒有男朋友，而是有個男人在妳身邊，妳卻感覺到是一個人」。

又或許妳單身了一段時間，他們總說妳條件很好，怎麼可能沒男朋友。妳很盡力的讓自己外表維持在最好的狀態，妳運動、保養化妝，上很多課程充實自己的內涵，但是一直以來感情卻一再失敗，讓妳受傷失望，到最後，妳還是一個人。

平常的妳好忙碌沒空想這些，妳有姊妹可以一起聚會、有工作可以寄情，也不是沒人追，也不是沒人會誇獎妳是個很棒的女生。

但是，心裡深處有個聲音：「我好嗎？如果我很好，那為什麼沒人愛我？」

不論妳有伴沒伴，那一直以來壓在心裡逃避的情緒在張牙舞爪，那可怕的情緒惡魔告訴妳：妳不被愛、妳不值得被愛，有些人就是無法獲得幸福，妳就是其中之一！妳的理智告訴妳，這樣負面的情緒是錯的，於是當這樣的情緒來臨時，妳總是用更多的工作麻痺自己，用追劇逼自己不去想。

親愛的妳知道的，逃避不代表真實不存在，因為之後反噬的力量可能更大。我想拍拍妳的肩膀告訴妳，妳是人不是神，不要這麼逞強了！妳可以聽情歌沈澱一下，讓自己躲在棉被裡痛快地流著淚，誰說周末一定要出門才叫充實？

放過自己，讓自己嵌在棉被裡發懶，回憶過去，心痛流淚，都沒有關係，真的。

每個女孩都曾這樣，總是會有不這麼堅強，會有需要宣洩的時候，這不代表妳不夠樂觀堅強，不代表妳有憂鬱症或心理有病。只是妳的心在提醒妳，該好好面對自己心裡的空缺了。

但是別忘了，別自溺太久，當妳宣洩完了，請拉自己一把。妳可以試著看正能量的書籍或文章，可以拿出筆記本寫出自己的優點以及自己的好，可以試著禱告尋求力量，可以找姊妹好好深談。

愛情裡週期性的低潮，沉溺一下沒關係的，因為那是妳面對自己心裡惡魔交戰的時刻。但是不要忘記，別一直與惡魔共處，不然妳的小天使會找不到妳喔！

如何讓另一半的朋友喜歡妳？

-

親愛的，妳的他是不是身邊有許多朋友？他人緣好，有許多朋友，有的是學生時代的好兄弟，有的是職場上的革命的同事。他重視妳，常常帶妳出席與朋友的場合，而妳也知道在外面要讓他有面子。

最重要的是，因為妳愛他，所以妳也希望他身邊的人能夠認同妳、喜歡妳。但是說來容易，做起來難啊！

通常我們到一個聚會場合，或是剛認識朋友的時候，見到第一眼的一分鐘之內大概就會決定了第一印象，而且這個印象會很難被改變。

所以，不妨在各種社交場合觀察別人也注意自己，觀察別人剛跟妳接觸時的第一分鐘內，會做出什麼讓妳喜歡的舉動？藉此檢視自己，讓自己在關鍵的第一分鐘內也能讓對方留下好印象。

根據我的觀察，我發現以下這四點是最容易擄獲人心的，不妨參考看看吧！

1. 笑容是最美的化妝品

很多男生朋友都説「笑起來的女生最迷人」，所以不論妳的五官好看與否，一般人笑起來都比面無表情還要好看。因為人的下半臉是決定妳是不是美女的主要關鍵（看路上有很多口罩美女就知道），笑起來可以柔和下半臉的不完美，視覺上會為妳的美麗加分不少。

笑容也是拉近距離最好的良藥，不論男女都很容易被笑容吸引。所以，到一個聚會場合又或是認識新朋友時，記得要帶著笑容喔。：）

2. 記住對方的名字，也讓方記得妳的名字

剛認識一個朋友時，記得要先做自我介紹，説出妳的本名、外號、做什麼工作。當然妳也要清楚記得他的自我介紹。有時候一場談話過了半小時就忘了對方叫什麼，這會讓人覺得妳不夠專心、用心。

相反的，如果在整場聚會妳都記得對方的名字，並且親切的叫他，就會讓對方感覺到妳有專心聆聽他説的話。用心的人是不會被討厭的。

3. 最能融化人的永遠是嘴巴甜

帶著笑容自我介紹完後，別忘記稱讚一下對方。不是虛偽的亂稱讚，而是打從心底發現對方的優點去稱讚。無論他的外型佳或是有

氣質、談吐好，又或是會穿搭會打扮甚至是眼睛迷人，或是身材好，都可以拿來讓妳好好地稱讚對方。每個人都喜歡聽讚美的話，不拍馬屁且真心的說出對方的優點，怎麼能不打動人心？

4. 學會化妝

除非是天生麗質沉魚落雁，否則幾乎所有的女生都該學會化妝。無論是認識同性或異性的朋友，簡單的妝容是必要的。簡單的粉底會讓臉色明亮許多，眼線與睫毛膏則會讓眼睛有神，比素顏無精神來的動人。

很多女生會懶得化妝或是推說不會化妝，但是這都是藉口，最基本的粉底跟睫毛膏就可以讓臉容光煥發，而這都是不需要多高超的技巧就能辦到的，素顏無神跟淡妝動人，很明顯是後者可以迅速在一分鐘內打動人心呀。

5. 直視對方的眼睛

我有個朋友因為沒自信的關係，跟朋友講話時眼神都會亂飄，後來我聽到一些耳語，有人說他講話都不看對方很沒禮貌，或是讓人覺得他不誠懇之類的抱怨。雖然我這位朋友不是故意的，但是從這件事可以發現，人對於對方有沒有用心誠懇這件事很介意。

眼神直視對方是最基本的，是用來判別對方是否真誠的要素之一，所以請切記，跟別人開始談天之後，無論妳有多害羞或是心不在焉，請一定要看著對方眼睛說話。如果妳不好意思，那可以直視鼻頭，也會讓人錯覺妳是在看對方眼睛。在最短時間內讓對方感受到妳是誠懇認真的，好感度就會大大提升喔！

雖然我們不需要太在意別人的言語，但是讓他身邊的人都對妳有好印象，也是經營你們感情的另一種方式，否則當他朋友對妳閒言閒語，他也會很為難的。

只要稍微用點心，不論是對他的朋友或家人，相信我，妳的用心是會被看到的喔！

得到幸福之前，常常要先經歷的不幸福

-

有時我躺床上，細數著從懂事以來的幾段戀情，發現有幾段是我傷了人，他們流著淚求我別走，有些是別人傷了我，但我的眼淚喚不回逝去的愛。這樣回顧自己的每一段故事，彷彿走過愛情裡一道道的難關。

我想妳也是吧！每個女孩的愛情故事好像都在比誰比較精彩，電視裡看到的劇情常常發生在自己身上，有時候妳是不是會想：「為什麼我這麼不幸，別人都可以順利獲得幸福，但是在愛情道路上，我卻是一再碰到難關？」

常常有「兩性作家」挪揄自己——兩性作家通常都是感情最有問題的人！

但是為什麼偏偏這群感情最常出問題、經歷過最多雞毛蒜事的人寫出來的文字最能打動人心？為什麼那些悲慘的經驗反而最能幫助到別人呢？因為啊，就是經歷了那麼多難關，痛得徹底去看見人性、愛情最黑暗以及最美好的一面，才能寫下這麼多辛酸血淚的故事。

就是因為有這麼多的故事以及難關，我們才能有這麼多的體悟，也

才能從中學會不再犯一樣的錯，從中知道原來除了「自己」以外的人是如何思考的、如何行為的。而這些傷痕以及痛楚都是在增加我們的戰鬥力。

妳看出來了嗎？所有的難關，只要妳從裡面有所「體悟」，從中學習並得到在愛情裡的「智慧」，那就值得了，因為這些都是在幫助妳之後的戀情更加順利的戰鬥值。

沒有人打從一出生就會談戀愛、就懂得怎麼跟另一個人相處，所以當妳失戀了、當妳被人傷了心、當妳在愛情中感到挫敗，別擔心，這些都是在幫助妳之後的感情路能夠走得更加順利。

最怕的是每當妳失敗了，不懂得檢討或是只會委曲求全怪自己，一再的重蹈覆轍，沒有從中學到經驗。

這樣就算妳經過再多難關，也都不會增加妳的戰鬥力，只會一直消耗妳的體力以及時間（青春）而已。

在感情裡失敗了並不可怕，因為妳或許可以學到很多東西，讓妳之

後能夠活得更灑脫，能夠看得更透徹，能幫助更多人；但是如果妳不懂從中看到自己以及對方的問題，不懂如何客觀地去分析及學習，那真的只能在愛情裡不斷失敗了。

愛情是生命中最難的課題之一，因為愛是兩個人組成的，就算妳把自己打理好了，也無法控制對方的思想。

我無法保證當妳戰鬥值到最高時，妳就能幸福快樂到永遠，但是我能保證，如果妳的戰鬥值低弱，在感情裡沒有智慧，受傷後沒有提升自己的戰鬥力，那妳就像沒有經過訓練的士兵，被人輕輕一推，就倒了，而且還有可能再也站不起來了。

每一個經驗、每一段故事都是神為妳預備好的試煉，祂精心的測量過，讓這些痛苦是妳所能負荷的，而且會讓妳更加堅強。每個人出現也都有理由，可能在教妳愛與被愛，或在愛裡學會溝通。

別氣餒，這一切都在祂手中，而為妳預備好的他，就在不遠處喔。

別害怕失去他
就像失去全世界

-

親愛的，妳曾經試想過沒有他的生活，妳會怎麼過嗎？現在妳的人生應該有一大部分的重心是來自於他吧！習慣總是一起床先看他有沒有傳訊息給妳，如果沒有就跟他撒撒嬌，說聲寶貝早安。行事曆上除了自己的行程，也會在旁邊寫上他的行程。

妳習慣了在他有事的時候才安排自己的事情，因為妳想要在他需要妳的時候，在他想要約會、想要妳陪的時候，妳都「剛好」有空。跟姊妹聊天時三句離不開他，逛街時也會連他的衣服一起看。在一起的這些日子，他慢慢地走進妳的生命跟妳的生活裡，讓妳覺得妳無法跟他分開、也不想跟他分開了。

如果你們是在一段穩定幸福的感情裡，恭喜妳，這都是對感情正向的經營方式以及習慣。

但是如果妳正處在一段不幸福的關係裡，明明知道他是不適合的對象，卻又分不開時，妳是否會害怕失去他，害怕沒有他的人生就像被摧毀了一樣？

分手的痛妳還記憶猶新吧？那種人生第一次知道原來心真的會痛的感覺。那種吃也吃不下、睡也睡不著，總是在噩夢與眼淚中醒來的痛，那種生活像行屍走肉，臉色毫無光彩，對任何事都提不起興趣的空虛，誰也不想再嘗試一次。

「分手」是一件讓人恐懼的事，想著當初剛在一起時的甜蜜，誰不希望自己的感情有美滿的結果，能走到終點，能牽著他的手走到老。但是聰明如妳，妳騙不了自己啊！妳們總是不停爭吵，無法取得共識，可能是他對於愛情的不忠貞，可能是他對於感情的疏於經營，可能是他的自私，又或是他的無法溝通。

身邊每個人，包括妳自己都告訴妳：「分手吧！別害怕失去他，繼續抓著他不放，妳也不會幸福的。」

但是妳的心裡一定很恐懼吧！一想到沒有他又要回到一個人的日子，妳已經習慣什麼都以他為主，失去他就像失去了原本的世界，這種恐懼讓妳無法放手、無法理智的割捨他。

但是，這樣是對的嗎？

妳的不捨與放不下，不是因為妳愛他，不是因為他還有什麼可以讓妳繼續下去的理由，不是因為他的好或是你們曾經有過深刻的感情，而是因為妳在感情裡漸漸失去自己原本的生活，而妳害怕失去他就像失去全世界。

失去他很痛，但可能是妳找回自己的起點。一個女人如果失去自己，那也沒有男人會疼愛妳、尊重妳。試著開始慢慢找回自己吧！找回自己的喜怒哀樂，找回自己的興趣跟喜好，別再委曲求全以他為主，別再什麼都依附著他，別再什麼都以他為天，多重視自己的感覺，多保有自己的想法，多過自己原本的生活。

然後妳會發現，其實失去他不會是失去全世界，反而可能是得到一個更多彩多姿的世界。

如果他真的這麼不適合妳，不值得留戀，就不要只是因為害怕失去他，害怕失去生活重心就委曲求全了。

在感情裡保有自己，妳才能用理智與智慧做出最正確的判斷，沒有一個「沒有自己」的女人會受到疼愛的，如果連妳自己都迷失了，他又要怎麼知道妳要什麼呢？

沒有男人喜歡蠢女人，真的

-

親愛的，妳是個有智慧的女人嗎？有智慧代表的不只是聰明，也包含了能從生活經驗中萃取出精華以及待人處事的道理。

常常看到很多文章告訴我們，男人要的是被崇拜，要的是笨笨的女孩，這樣他們才能感覺到被需要，感覺到自己是強壯的。於是開始坊間很多文章教妳不要太聰明、不要太能幹，這樣才能夠被愛，才能夠幸福。在以訛傳訛的分享下，很多女生開始將自己的金錢與時間花在如何讓自己變得更美更誘人上。

但是，卻忽略了充實自己的內在，忘了隨著歲月增長，也該擁有這個年紀應該有的智慧以及聰明才幹。

如果妳說妳本來就不聰明，反正男生都喜歡笨女生，那我為什麼還要努力讓自己變聰明有智慧？

親愛的，男人喜歡「不聰明」的女人，這裡的不聰明不是蠢女人，而是講話不咄咄逼人、不給自己面子、不自以為聰明而不需要他、在公眾場合的光芒超越他，讓他自慚形穢的女人。

或許有些人不知道怎麼形容這樣的女人，於是將這種溫柔的在男人背後守護的女人統稱為「蠢女人」。

但是這樣的女人真的蠢嗎？一個蠢女人會知道什麼話該說，什麼時候應該閉嘴嗎？她們會知道不要戳破男人心底的小脆弱，要給他做面子嗎？蠢女人會知道什麼時候該溫柔對待他、不咄咄逼人，而什麼時候又該堅強的表現給他看，並給他一個擁抱告訴他「我都在」嗎？

以上這些絕對不是一個蠢女人做得出來的，而是一個充滿智慧的女人才會懂的事。一個真正的蠢女人，會不看場合說話、給自己的男人難堪、不懂人情世故，讓自己的男人與親朋好友漸漸疏離，她們還會不斷的討愛，忘了自己也需要付出。

她們總是貪得無厭的要對方照顧自己，而忘記他也有脆弱的時候；她們總是自私的顧著自己開心，從不成熟的愛對方、滿足雙方的需求。她們還總是會情緒化的無理取鬧，自以為可愛卻讓他乘載超過他能負荷的情緒重量。

沒有男人會愛這樣的蠢女人，他們要的是「懂得適時裝傻，其實充滿智慧的女人」。

要當有智慧的女人不簡單，妳必須常常充實自己、必須多體貼對方的心，必須從生活大小事去反思人性、反思交往狀況。

請不要「只長年紀不長腦子」，然後還自得意滿的覺得反正男人都喜歡笨笨的女生，因為笨笨的女生很可愛，或以為只要外表好就好。

只有外表沒有智慧的女人，無法讓人越來越愛，更何況如果外表沒有、智慧也沒有，那可能就是一場悲劇囉！

妳還相信男人喜歡蠢女人那套說詞嗎？如果妳還深信不疑，請別怪我沒提醒喔，因為你們愛情的保鮮期可能只有三個月而已。

女人味

-

看到女人味，妳心裡第一個想的念頭是什麼？

女人味還不簡單，我超會打扮的！當然有女人味。還是，天啊我超
man，要有女人味也太難了！

不管妳想的是哪一種，都是錯誤的喔！因為想到女人味，刻板印象
就是那種講話嗲聲嗲氣的女人吧？好像還一定要有白皙的皮膚、水
靈的大眼跟婀娜的身材。

但是擁有這些真的是有女人味嗎？很多女生發現自己異性緣不夠
好，沒人追求的時候就會檢討自己是不是女人味不夠，不夠有魅力
有吸引力，然後把自己改造成社會上女神的模樣，去討異性的喜歡。

我們先來看看西方國家對於女人味的涵義好了。

Femininity：一個感性有品味、有主見、有知識、擁有自己獨立生
活空間和處世哲學的女人，就是一個有女人味的女人。

這是不是跟妳想的女人味完全不一樣？

身在東方國家，男生與女生的界線是非常明顯的，女人要溫柔體貼，男人要堅強剛毅，但是每個人都是獨一無二的個體，女人怎麼可能都具備一模一樣的特質？有些女生天生大喇喇不拘小節，有的就是輕聲細語動作優雅，不同特色的女人都有人愛，也都有人不愛。

簡言之，女人味不是要妳隱藏真實自我，當個做作女只為了吸引男人的注意。觀察一下那些異性緣好的女人，她們都有一個共同點：充滿魅力。她們可能說起話來爽朗但是吸引人注意，可能不一定有 S 曲線的身材但總是穠纖合度。

她們沒有傳統認為的女人味那樣柔弱，可是她們散發出的魅力卻會讓異性同性都感覺到舒服，這才是真的因為妳是「女人」而散發出來最吸引人的「味」。

要培養女人味，其實也不難，有三個大重點：

1. 似水溫柔

這裡的溫柔不是做作的嬌聲嬌氣喔！是善解人意的體貼，是能夠懂得對方哪時候需要陪伴或是獨處，懂得疲憊的他需要妳的照顧，或是需要妳的不打擾。當然說話時的語調不需要假裝，但也不是不耐煩或帶有怒氣、尖銳言語的口氣。

溫柔的女人知道說什麼能讓對方不要感到壓力，有所要求時不是頤指氣使，而是撒嬌要求。一個柔情似水的女人怎麼會沒有女人味？

2.風采與性感

性感不是要妳搔首弄姿，而是能夠學會掌握自己身材的優點，選擇襯托身材的衣服，而不是總是穿著不符合自己年紀跟身材的服裝。有些女人喜歡穿寬鬆像孕婦的衣服，有的人喜歡滿臉油膩毫無淡妝的出門去，這樣的女人怎麼會有女人味？不是短褲要短到露股溝，也不是上衣要開到肚臍。合身的短裙或窄裙，可以露出鎖骨跟襯托腰線的衣服，才是最適合的性感。

穿著打扮都得宜的女人，走在路上自然會散發出身為女人的風采。我們女人都有五官跟四肢驅幹，只要妳對自己的外表下功課，適當的表現出自己的優點，打扮帶來的自信絕對會讓妳成為有風采的女人。

3.智慧與內涵

粗俗鄙陋的女人怎麼會有女人味？如果妳總是出口成髒，講話空洞沒內容，只長年紀不長腦子，那就算上面兩樣做足了，男人一剛開始被妳吸引，久了也會乏味。商場上很多女強人都非常有女人味，而不是像個男人婆一樣，原因在於她們除了有善解人意的個性、保養得宜的身材臉蛋，還有歷練過跟會思考的頭腦。

智慧不是靠小聰明就能擁有的，必須經過時間淬煉而成，而懂得學習是內涵的來源，想想看，一個女人總是能夠引經據典出口成詩，古今往來藝術政治她都能夠跟你聊一點，是不是充滿魅力呢？

女人味要的不是妳只在意表象的矯揉做作，而是由內而外真正把我們身為「女人」的柔軟跟外表展現的得宜，一個「女人」散發出來的「味」就是一種鉤子，妳能鉤到什麼樣的男人，端看妳這隻鉤子散發出什麼「味」。

請保障自己的愛情，從存錢開始

-

親愛的，妳現在年收入多少？每年能存多少錢？妳金錢的支配方式是什麼呢？看到這些問題，是否覺得明明就是浪漫的情書，但是怎麼就談起錢來了呢？感覺談到錢的感情就變的很現實，對吧？

但是，無論妳的感覺如何，請認清現實：妳每天早上一睜開眼就跟錢脫離不了關係，而金錢關係無法處理好的人，感情世界也無法幸福喔！

先撇開兩人對於金錢價值觀的差異點，因為妳必須要先照顧得好自己，才有資格去跟別人討論這個話題。如果妳連金錢支配方式都有問題，怎麼還會想要步入婚姻，這樣不是害另一個男人或是妳未來的小孩嗎？

有個很有趣的廣告，大意是女生在公司受上司鳥氣，終於她被男友求婚後就大聲跟她老闆說：「老娘不幹了！」這廣告引起很多女人的共鳴（畢竟誰不想待在家給老公養？）但是也有許多反對聲浪：難道女人步入婚姻就要放棄自己原有的工作嗎？

步入婚姻要繼續工作或是專心帶小孩當家庭主婦，是每對夫妻應該端看經濟狀況以及價值觀去各自衡量的，沒有絕對的標準跟答案。但是有一個絕對的答案是妳必須要做的：存錢。

為什麼要存錢？

妳永遠不知道明天的妳會還活在這世界上，或已經到天堂了？又或是最慘的，半生不死的躺在醫院。許多人的觀念都是，反正錢再賺就有了，但是妳怎麼知道明天的妳有沒有健康跟體力工作呢？

如果沒有存錢，最先波及到的一定是妳的另一半，如果他家財萬貫或經濟能力很強，那或許不必擔心，但如果他也只是普通上班族，總是入不敷出，那妳們的愛情必定會因為金錢而發生問題。

當妳想對自己家人好一點，或是想要犒賞自己的時候，若妳有積蓄則不必看對方臉色。有許多的好男人認為另一半的家人也要當成自己家人去付出，但是有更多的男人認為，另一半的家人是對方自己的責任，如果妳不存錢，除了普通的食衣住行，當妳有額外支出或是原生家庭需要妳的時候，妳該從哪裡生錢呢？

雖然現在大部分的家庭都是丈夫擔起養家責任，情侶之間也很多是男方負擔所有費用，但是回歸到第一點，如果妳深愛的他失業了、受傷了、時運不濟、金錢上有困難，難道妳要因為他養不起妳而離他遠去嗎？

感情是互相的，相信在低潮時的他也會需要妳的支持以及幫助，這時候的妳如果沒有存款，大概也只能兩個人抱頭痛哭，毫無辦法了。

女孩們在婚前應該都會有工作，而這段時間通常只需要支付自己或是家人所需，這段時間是最好的存錢時間。有良好的存錢習慣，不要總是當月光族，是有一些小秘訣可以做到的喔！

1. 先存錢，再花錢

親愛的，建議妳開一個帳戶是只進不出的。假設妳這個月領三萬，付了基本開銷之後，就留一萬至兩萬在有提款卡的那個戶頭，剩下的錢就全數存入沒有提款卡的戶頭。

有些女孩的習慣是：這個月領了薪水，先花再說，看剩多少再存起來。但是這樣到月底，就變成月光族了，根本存不了錢。所以請妳一定要先存錢，這樣妳看著可以動用的錢越來越少，就會緊張不敢亂花，雖然這樣也會有月底拮据的狀況，但是花光的只是本來就限制自己可以動用的那個數字而已喔！

2.找好朋友一起存錢

出社會後，我就習慣跟好姊妹在每年過年時訂一個目標：希望今年可以存到多少錢。而這個目標該怎麼訂？最好是有一點難，但是也不是不可能達到，而為什麼要訂立有點難的目標呢？

假如妳希望今年戶頭有四十萬，當妳只存到三十七萬，就會覺得沮喪，更加努力，不敢亂花錢。但是如果你把目標訂在三十五萬，那你存到三十七萬，就會把那兩萬拿來花，因為妳覺得那是多出來的，所以，我與姐妹都會把目標訂得比較高，然後常常互相砥礪。

如此一來，一起出去吃飯就會挑平價餐廳，逛街時就會跟對方說：「這件衣服妳不是有類似的了？省一點存起來啦！」而且，假如妳看到對方好像進度比妳快，就會督促自己不可以輸。當然，跟家人或是男朋友一起存錢也是個好方式喔！

3.幸福滿足是最重要的

理解這句話能讓妳「會花錢」。不是要讓妳花很多錢，而是讓妳在買東西時有顆非常理智的腦。也就是説，只花夠值得的錢。這個值得不是單指金錢價值，也包含了心理的滿足感。例如有些女生喜歡香奈兒，於是從包包、皮夾到粉餅香水全都是香奈兒。但是真的這些全部都很想要嗎？皮夾一個三萬多元好像很貴，但其實可以用好幾年，並且每天拿著它就心理滿足；一瓶香水三千多用不到幾個月就沒了，哪樣比較值得呢？哪樣能讓妳滿足最久？又或是花一樣的錢，妳喜歡旅遊，把錢花在出國上跟揮霍在衣服上，哪一個比較值得？比起短暫的物資滿足，旅行增加的經驗跟閱歷是否更可以記得一輩子？

再舉一個例子，很多女生會去做水晶指甲或是買很多單價不低的衣服，但是我很少將錢花在這些事情上。

水晶指甲跟衣服哪個女生不喜歡？但是在下手之前，先問問自己值得嗎？一千多塊水晶指甲不到一個月就開始掉了，還要補呢！還不如買指甲油回家自己擦，每個禮拜也可以換顏色。或是，拿來當交通費，回南部看看家人，那種心裡滿足感，哪個比較大？

五六千塊的衣服買了穿幾次可以開心幾次？不會有人知道他的價值在哪裡。那何不考慮把錢拿來買一些營養品，孝敬家人？讓他們知道妳在乎他們。花一樣的錢，我們所要去衡量的就是金錢帶給妳的幸福快樂滿足感，夠不夠大？以及能持續多久？

不是要一直壓抑自己的慾望去節省，而是把妳可以花的錢花在妳覺得最值得的事情上。只是必須記住一點：只能開心一下的錢不要花！因為那個一下的開心可能會讓妳後面花更久時間、更累的追著錢跑。

許多夫妻或情侶很相愛，但是只要碰上有關金錢的分配或是支出，就開始不停的爭吵，貧賤夫妻百事哀不是絕對，但卻是很多家庭的悲歌。如果妳期望的愛情是不被現實消磨的，那保障自己的愛情，就從存錢開始吧！

情書寫給你的

02

給你的情書

永遠
不打沉默戰

-

你是一個能言善道的男人嗎？我想這個問題應該十個男人有八個的答案是否定的吧！

或許你曾經覺得你很會溝通、很會表達，但是跟她在一起之後才發現，天啊！我怎麼說什麼都不對！每當她低潮、難過、發脾氣時，你曾經想過要安慰她、開導她，但是常常越說越糟糕，誤觸了她的地雷。

「怎麼說都不對，不如不說吧！」你們交往的過程裡，你一定有這樣的想法過吧？但是，不管你再怎麼覺得自己不會說話，請永遠、永遠別對她沉默。否則，她會覺得被遺棄。

我曾有過一段戀情，那個男生對我非常好，但是他不太會溝通以及表達想法，所以每當我有什麼不開心的時候，我的臉明顯告訴他：「嘿！我心情悶了，我覺得受傷了，快來問我怎麼了！」

剛開始他會來問我怎麼了，經過他一問，我就一股腦地將情緒宣洩出來。其實，我只是希望聽他哄哄我，或是說他愛我，但是他卻不懂這個簡單的邏輯，於是他說越多越錯、說越多我越生氣，

因為他一直沒有說到我想要聽的關鍵字，甚至有時候還會吵起來。

男人都是逃避衝突的，這樣的狀況造成每次當他知道我有什麼不開心時，他就把自己鎖起來，選擇沉默。而當我也受不了爆發時，他又更退回自己的小世界，選擇更多的沉默。

「他不愛我了嗎？為什麼以前看我皺眉都揪心，現在卻不聞不問不在乎？」我相信，那時候我心裡的感覺也是許多女人的感覺。後來的我知道，當下的他不是不愛我，只是他不知道該怎麼辦，他不知道該安慰我還是要跟我說道理，他害怕他越說越糟糕。

而有時候，他自己也沉浸在情緒裡面，所以他想冷靜，因此選擇了沉默。只是，這對女孩來說卻變成了「你的沉默代表了你的不在乎。」

換個角度想，想像一下當你是孩子時，你想要任性，或是餓了不開心了，想哭泣、生氣了，如果你的爸媽理都不理你，你心裡是否會覺得自己像是孤兒一樣？但是如果他們嘗試理解你，就算理解錯誤，你是否仍會覺得你還是被在乎的？

有時候，女孩在愛情裡就像孩子一樣，需要哄、需要愛，千萬不要因為害怕說錯話或怕產生衝突就選擇沉默，這樣，她只會覺得像是被遺棄的孩子，越來越不安、越來越感受不到你的愛。

有一個笑話是這麼說的：女人最討厭男人做的事 1. 撒謊 2. 說實話 3. 不跟他們說話 4. 講太多話 5. 不顯現任何情緒 6. 不情緒化。結論：基本上無論男人做什麼都不對。

看到這邊你是不是莞爾一笑，覺得心有戚戚焉？但是，其實真正的解答是：「比起什麼都不說，你的沉默會讓她感到更受傷。」

愛她，就別對她沉默，別讓她感覺到被遺棄。

其實
她要的也不過是「安全感」而已

-

你是不是常常對於女人的多疑與不安全感感到厭煩？你不懂，「又不是小孩子了，為什麼我去哪裡還要報備？」、「我又沒拈花惹草，妳幹嘛總是擔心我會愛上別人？」、「我也需要隱私，妳為什麼總是想知道我跟誰聯絡、跟誰說了什麼？」、「我就不習慣說愛，為什麼每次都要問我愛不愛妳？」

其實，這麼多的為什麼，都只反應了一件事：她沒安全感。

她沒安全感不一定是你的錯，有些人因為童年的陰影、因為戀愛的慘痛經驗、因為內心的破碎，導致她們在愛裡無法有安全感。

常有人說安全感是要自己給的，但是愛情是兩個人在經營的，所以如果她在這塊特別缺乏，你是不是可以盡你所能，給予她需要的安全感，讓她不要總是這麼不安呢？

有次我在一段感情裡一直覺得不夠穩定踏實，總是感受不到被愛與被滿足的感覺。那個對象沒有對我不好，也沒有做什麼傷害我的事，但是為什麼我就是無法在這段愛情裡充滿踏實感？而當我把我的感覺跟一位很有智慧的牧師分享後，他告訴我：「安全感是一個女人最需要的，是他忽略了沒有給你。」

一聽完，我才驚醒，原來都是安全感在作祟，雖然我總是說服自己，安全感要自己給自己，但是我再怎麼努力，最多也只能給到一半，而另外一半的安全感需要對方來給予。

我後來仔細分析，才知道為什麼自己沒有安全感。原來，因為他不習慣表達愛，而我需要愛的語言時，他又不習慣把愛掛在口中。我常想，剛交往時他給了我好多貼心跟甜蜜，但是現在感情穩定後，他怠惰了，或是我以為他沒有這麼愛我了，我擔心他會因為時間的關係，漸漸地對我的熱情與愛情消散。這樣子的不安藏在心裡，導致我對這段感情一點信心都沒有。

如果連理智的我都可以在愛裡沒安全感，那更不用說你的寶貝了，你的忽略跟你的枝微末節都可能是造成她沒安全感的主因。

親愛的，你知道嗎？安全感其實不容易給予。真正成熟的男人才有辦法給予。你該怎麼做才能讓她知道「他會對我一輩子不離不棄」、「他會願意照顧我、保護我，我們的愛不因熱情消退而改變」、「他會對我專一，不會心猿意馬偷吃劈腿」，這些都是很困難的。

我們不用求完美，但是你可以常常把這幾個問題放在心裡思考，如果她擔心你會劈腿，你就與異性保持距離；如果她懷疑你是否會不離不棄，就請身體力行告訴她，她不論生老病死你都在她身邊。證明這些都需要時間，都需要你們兩個一起努力。

當你試著給她安全感，漸漸她感受到被愛，她的懷疑就會減少，你們的互動也會更加甜蜜。別自私的想著：「是她自己沒安全感的，她要自己想辦法吧」。

你知道嗎？給她安全感是你的責任，因為她是你的寶貝女孩。她感覺到幸福，我相信你也會開心的，而她感覺到安全感與被愛，她也會更加的體貼以及愛你。

當她內心需要的安全感被滿足時，她才能真正「在愛裡沒有懼怕」，也才能真正相信你愛她。

如果
你曾傷害過她

-

有一天，你遇見一隻好可愛的小刺蝟，他深深的吸引你，是你夢寐以求的伴侶。你好想要抱抱他親親他，每天擁他入懷感受他的溫暖。只是你的理智告訴你，不可以喔，他再怎麼可愛還是刺蝟，他身上的刺會扎得你肉痛心也痛的，不可以！

但是這時候小刺蝟告訴你：你放心，我會把我的刺收起來，讓你抱到溫暖舒服的我，別害怕，來擁抱我吧！來吧！你感到遲疑，但是看著小刺蝟堅定的神情跟話語，你決定勇敢抱住他，畢竟他真的好吸引你啊！

剛抱他的時候真的好溫暖好舒服，他真的把刺收起來，讓你感覺到溫暖，你確定你的勇敢是對的。但是幾個月過去，忽然間，他的刺偶爾會冒幾根來，扎得你手腳都是傷口。

雖然你想過要鬆手，但你因為太愛小刺蝟了，所以你擦擦傷口繼續擁抱他，而他也跟你保證會將刺收好。

只是時間永遠是承諾最好的驗票口，到最後他的刺還是會不小心越冒越多，傷得你遍體鱗傷。

你痛到放開小刺蝟，他不停跟你道歉說他不會再刺傷你，要你如以往擁抱他。雖然你還愛他，但是你心裡滿是被刺傷的恐懼，何況你身上的傷還在滴血呢！

該繼續擁抱他嗎？妳的感性跟理性在拉扯。

因為愛，你還是選擇繼續擁抱他，只是這次抱得不再這麼緊，不再抱得這麼深刻了，因為你想留點空間跟後路，以防之後他又刺傷你，畢竟之前的傷還在隱隱作痛。

親愛的，你是否常疑惑著，為什麼你跟她在爭吵或是分手復合後，她就不如以前一樣的熱情跟付出呢？明明和好了，卻還是覺得她態度不一樣？為什麼女人總是這麼難搞，喜歡翻舊帳？

我想問問，如果你是上面這故事的主角，你還敢用力擁抱小刺蝟嗎？我想，除非你沒有神經，不然你也不敢吧？肉體的傷很痛，而心裡的傷更難癒合！你知道嗎？在你們的愛情裡，你就是小刺蝟呀！

你的保證跟誓言，每次都被你自己打破，然後你又狠狠地傷害對方。你要傷痕累累的她怎麼一如以往的愛你？人都有自我保護機制，她會恐懼會害怕，你要她怎麼裝作沒事一樣，繼續相信你們的愛情？

或許你會想知道，難道無法補救了嗎？你若想繼續這段感情，補救方法不是沒有，但是你這次必須認真的砍斷你的刺，並且保證不再刺傷對方。

當她沒安全感時、當她又胡思亂想時、當她同一個問題問好幾遍要你保證時，請你記得，她這樣的恐懼是你造成的，因此，誰還能比你更有責任去修復呢？

所以請用力的溫暖她、愛護她，一段時間後，如果你的付出跟愛夠多，她還是會一如既往的用力抱住你的。

如果你是刺蝟，藏不住也砍不斷刺，那你能假裝無刺多久？你真的有辦法假裝一輩子嗎？請清楚明白你到底是真的刺蝟，還是只是帶刺的玫瑰？因為，折斷刺沒這麼困難！

而妳如果明知道他是刺蝟，明明被傷害好幾次了，妳還在期待他變成綿羊嗎？沒有人傷害得了妳，是妳自己讓別人有權力來傷害妳自己的。

心的傷口需要長時間愛與關懷才能癒合，所以不要恣意的傷害別人，而你，也別讓別人恣意的傷害你喔！

外表
是一切嗎？

-

看著電視新聞裡那些高富帥，你是否常常感覺到沒來由的自卑？看著鏡子裡的自己，沒有 180 讓女人小鳥依人的身材、沒有壯碩的肌肉跟人魚線，就連鼻子都比別人塌、眼睛比別人小、皮膚坑坑疤疤也不好，說帥稱不上，不要被叫肥宅就謝主恩典了！

想著以前喜歡的女生，到前一陣子被拒絕的那個女孩，她們總是說你很好，只是沒感覺。你常常半夜睡不著問自己，那種所謂虛無飄渺的感覺是什麼？感覺也不過是建築在外表上的荷爾蒙衝動吧？說穿了大概就是自己不夠帥，所以不被喜歡吧？

上面這些想法是不是常常在你腦子裡打轉？不知道為什麼每次當有男生來問我感情問題時，當他們自我否定時，只有兩種原因：一是不夠有錢，二是長的不帥。

的確，每個人都有自己喜歡的類型，第一眼吸引的永遠是外表。

但是你知道嗎？在我們女生堆裡常常有這種事發生：平常迷戀電視上的歐巴或是偶像劇男主角，做夢希望自己的男友帥氣逼人，但是真正愛上的對象，男友的外表大概是那些歐巴們的顏值先五折再一折。

這可不是委曲求全喔，而是因為在愛情世界裡，外表雖然是第一吸引力，但是真正能延續持久喜歡，甚至發展到愛的，通常是一個男人的內在。

聽到我說的這些話，或許你會覺得很冠冕堂皇，但是身為女人的我必須告訴你我們的心裡話：比起你的外表，我們真的更在乎你的內涵。

這裡的內涵指的是你有沒有經過歲月跟經驗歷練出來的智慧？你的情商高不高？你會不會容易動怒？你是不是會思考，有思維懂得反思自己？在電動跟籃球之外，對於社會政經問題你有沒有關心過？對於人生是不是有一些想法跟計劃，能和另一半共同成長、共同畫出未來藍圖？

親愛的，在我們的心裡，你的那些光芒會讓我們崇拜，而且跟外表一時的吸引力不同，這種崇拜以及喜歡是有可能讓我們迷戀一輩子的，因為內在的美好已經讓吸引力變成真正的欣賞了。

外表再怎麼出色，一兩年之後其實也就是那樣，激不起新的漣漪，但是內涵是可以歷久彌新的，讓女人真正不只動了情也動了心。

你會發現，過了學生時代，那些家庭裡的好丈夫好爸爸，幸福、感情圓滿的男人，絕對不是以前的校草或籃球校隊獲得最多尖叫聲的那幾個，但是絕對是擁有內涵跟智慧的那些男人。

所以，別再將自己不被喜歡的原因歸咎到不夠帥了！

看看身邊那些感情幸福的男人，難道每個都是潘安再世嗎？努力充實自己的內涵，讓自己的智慧跟個性都不斷超越進步，成為一個有肩膀、有責任感的男人，能夠讓人感到可以依靠，不是自私的只想到自己，你才有可能破除一直不被喜歡的愛情魔咒喔！

不用努力就得到的
你不珍惜幹嘛？

-

你心裡是否有個女人，曾經讓你深深著迷過？你可能跟她有段刻骨銘心的愛戀，最後卻因為種種原因無法一起變老？或是你從來沒得到過她，她沒有一刻真正屬於你過。

雖然現在的你身邊有個她，但是午夜夢迴時，你還是會想起記憶中的那個她，那麼美好，那麼讓你心動。

現在身邊的她不是不好，只是就好像少了些什麼，她是這麼溫柔體貼也對你好，你感激有她，但是或許是因為得不到總是更加想要吧！那個一直在你身旁的傻女人，你不用太付出，她就愛你愛得要死了。

人很有趣，總是對要很用力追求才得到，甚至得不到的人事物特別珍惜，反而對那些不必努力費盡心思就能得到，或根本簡單就能擁有的不夠珍惜，甚至到無所謂的地步。

如果你的她總是不用花太多時間去安撫、討好，就乖乖的待在你身邊，剛開始的你是否覺得舒服自在，但是久了卻覺得平淡乏味。好像要那些轟轟烈烈的，經過許多挫折才能得到的，才值得去珍惜？

但你知道嗎？真正該感激該珍惜的，應該是那些不管你是好是壞，不管你是否常常不小心忽略她或傷害她，那些不用你耗盡心思討她歡心卻還是愛著你的女人。

問問自己，你憑什麼可以不夠努力，就能擁有她的愛、她們的歲月跟付出？她對你的珍惜跟包容？你內心知道，你對她不夠投入，但她卻還是讓你擁有著。

許多人常常在錯過後才懂珍惜，從不珍惜在身邊輕易擁有的，等到對方心灰意冷了後，才後悔跟自責，才發現自己原來這麼需要她、這麼深愛她。

沒有任何人跟東西是本來就該屬於誰的，那都只是一種選擇。

回頭一看，那個還默默在你身邊陪伴你的，願意和你一起努力打拼又不求什麼的她，才應該被你好好珍惜。

問問自己，你何德何能可以擁有這麼純粹的愛？都是因為她選擇了不離不棄啊！而不離不棄的原因，就是因為內心強大的愛，那愛是何等珍貴啊！

你也已經是個成年人了，難道什麼值得珍惜、什麼該花時間、什麼該慷慨付出，還分不清嗎？

得不到的最美，但是通常得到了卻一點都不美。親愛的你，請別在想著那些得不到的人了，轉頭看看你身邊的她，你擁有了她，你們真實的相處過相愛過，她還是繼續愛你，這才是最值得珍惜的感情。

或許
今天可以試著軟弱一點點

-

親愛的，在面對她的時候，你是不是一個什麼都能一肩扛起的超人？家用或所有花費一肩扛起、面對工作上的困難一肩扛起、面對家庭的不協調一肩扛起，面對所有自己的不如意、不順遂都一肩扛起？

她總是帶著崇拜的眼神看著你，在她心裡你是她的鋼鐵人，她總是跟姊妹說她的男人有多棒，在他臂彎裡什麼都不用怕，她可以放心做個小女人，反正不管遇到什麼事情，你總是可以想辦法解決。是啊！你是這麼的棒，所以她才會這麼愛你，我想你一定常常這麼想吧！

我有個朋友在公司裡身兼要職，是個很有能力的男人，但是面對上司的刁難、同事的競爭、下屬的無能，以及工作上的壓力，他常常覺得快要喘不過氣。

你知道的，男人的友情裡沒有互相安慰訴苦這件事，所以當他看見自己的哥們遇見什麼壓力或困難，總是可以跟自己的女友聊天紓解壓力，他也很想這麼做，但是那一句：「寶貝，我好累。」怎樣他都說不出口。

我不解地問他：「如果連自己最親密的伴侶，你都沒辦法跟她分享你的煩惱，那你不是活得很累嗎？」他告訴我：「我也很想跟她分享，但是我怕她會覺得我軟弱無能，怕她覺得我不夠好。」

親愛的，你從小到大都被要求要堅強吧！不能哭、不能說累、不能表現出軟弱的樣子。你如此壓抑的走到現在，要你毫無防備的對她說出心裡的煩惱，對你來說一定非常困難，而你一定也會擔心當你不再是她的超人時，她是否還是如此愛你、如此崇拜你？

但是你也是人啊！她有眼淚，你也會有；她會恐懼害怕軟弱，你也會，或許你比她多了一份堅強，但是不代表你堅強到無堅不摧啊。

而且親愛的，真正的愛是會包容接納你的全部的，不管優點或缺點。女人不會不知道你心裡的軟弱或壓力，沒有打破砂鍋問到底，是因為想等你自己開口，想為你留點面子。

我們知道，當你輕輕地把頭靠在我們肩上訴說壓力的時候，我們會用最溫柔的言語跟擁抱給你溫暖，告訴你不要擔心，就算我們不能做什麼改變，但是我們會保證，我們會一直在你身邊。累的時候幫你按摩，冷的時候幫你泡杯熱可可。如果你想做什麼重大的決定，我們也會以你的快樂為優先支持你。

我們最怕的，是你什麼都不說，什麼都一個人扛，就像你從小到大習慣的一樣，總是壓抑自己的不開心，壓抑自己的情緒，壓抑自己的軟弱，我們何嘗不知道那有多累，只是你不給我們鑰匙，我們也打不開你的心門，進不去你那最需要我們填補的地方。

或許我們沒有你堅強，沒有你可以扛起一切重擔的肩膀，但是我們天生而來的母愛，願意包容跟吸收你的情緒，而面對你對我們情緒的毫無保留，會讓我們感覺到這段關係的更親密，我們也會讓你知道，我們是你可以最信任的人。

所以，試著軟弱吧！試著告訴她你的痛苦、你的不快樂、你的低潮。讓她進到你的心裡，她會感覺到被你需要，就算你還是哭不出來，對她撒撒嬌，也會讓她更知道她的男人真實的情緒，這對你們感情是有幫助的喔！

她不喜歡你
真的不是因為你不夠有錢

-

看著那些高富帥們開著拉風的名車，一出手就是名牌大餐鮮花毫不手軟，是不是心裡的自卑常常油然而生？覺得自己為什麼不是富二代、不是大老闆、不是年薪好幾百萬的高階主管？

想想過去，曾經想追過一個女孩，你好喜歡她，能為她做的事你都願意做。但是最終她沒選擇你，接著你知道她好像選了一個家世還不錯的男友；看看現在，你愛過一個女孩，但是你們的感情沒有走到最後，她離開了你，成為別人的老婆。她總是抱怨你不夠貼心不夠在意她，總是不停跟你討愛。最後，她選擇了一個富有的男人。想到這些你不禁冷笑，那些女人總說著多需要愛，到最後還不是選擇了麵包！

男人跟女人都很有趣，當在愛情裡失敗後，女人常常會將原因歸咎為自己不夠美、身材不夠好，男人則會歸因於自己不夠有錢。「因為那些美麗的女明星都嫁給有錢人」、「因為那些自己愛過的女人都不選擇自己」。

嘿，你準備好聽實話了嗎？

人要面對自己的不足是很困難的，所以把原因歸咎於對方的現實，通常是最簡單也是最逃避的，因為這樣你就不必面對自己問題了。在感情裡，或許你的個性有缺陷、你的價值觀不成熟、你的相處方式有問題，你不會經營，或是你的個性沒有魅力，但是人要去面對這些問題彷彿是拿著刀子剖開自己的心，去赤裸裸的面對自己的缺點，沒幾個人有勇氣這樣做，但是如果將問題都推給對方，那就簡單多了！

「她就是愛錢！她就是現實！我就是沒車沒房！我就是薪水不夠高！所以她才不喜歡我。」這樣的藉口可以不用面對自己的缺點，著實高招。但是，大部分的女孩子更多需要的是愛，錢只是包含在愛裡的一樣表現行為。

女人是個很感覺的動物，理性如我，也是個感覺動物。「只要你讓我感覺到你愛我，一切都好說。」這裡的愛包含了日常生活的體貼、關懷，例如常常給她愛的語言，告訴她你好愛她，或是下班接送、為心愛的她下廚。

你說難道這都不需要錢嗎？當然要，但是偶爾精心的時刻，一份驚喜、一頓浪漫的晚餐，應該都是在你的能力範圍內吧？但是就是這些小舉動，能讓女人感覺到備受寵愛。

不是不用花到錢，只是不愛你絕對不是不夠有錢這麼簡單。你知道嗎？要比你有錢的人很多，但是女人很複雜也很簡單，當你對她越大方，她越想替你省錢，因為她知道你是真的在乎她，而她也應當為你著想。

但是當你對她越小氣、越斤斤計較，她就會越去執著物質跟金錢問題，因為她從這塊感受不到你想照顧她、你在乎她的決心。

懂了嗎？其實這說穿了就是感覺問題。當你讓她感覺到你是多麼在乎她、疼愛她，金錢跟物質早就被排到後面去了，只有感受不到愛的女人才會開始在金錢跟物質裡尋找滿足感。

你可知道有多少的女人是因為在愛情裡受了傷，不被重視，才開始放棄愛情尋找麵包，因為至少麵包可以保障生活，而愛情卻可能傷得你飯也吃不下、睡也睡不著。

當然，不要愛情只要金錢的女人，把金錢當作唯一擇偶條件的女人也是有，但是那種人是特例，就不列在這說了。但是如果你偏要執著那樣的女人，那可能誰也救不了你啦！

她不喜歡你，不選擇你，真的不是因為你不夠有錢。

一個值得被愛的女人，會希望有個安穩的避風港、一個溫暖的家庭，不用為明天三餐煩憂，有個有品質的生活。她可以接受你現在不有錢，但是請你有想要扛起家裡生計的決心，而不是讓她要賺錢養你，或是，當她懷孕還必須為錢傷腦筋，不知道孩子能不能有好的教育。

女人在意的從來不是你現在不動產有多少、現金有多少，而是你願不願意將錢花在她身上（不能否認，這能感受到被愛），而是你願不願意為了照顧她、保護她，就算你現在經濟狀況不好，但是你努力想往上爬，而且不是說說而已。

反過來想，如果你嘴裡說愛她，但是總是對她小氣，或是讓她為錢感到煩憂、不想改變，那你不也是自私的要她跟著你受苦嗎？而這樣的你，又是真的愛她嗎？

你想和女神交往？
你確定？

-

親愛的，現今社會上這麼多女神，你最喜歡哪一個？

我的第一本書叫做「那些女神不告訴妳的事」，這裡女神＝智慧
＋美貌＋善良＋體貼＋聰明。書名取女神不是因為我是女神，而
是因為我希望自己變成那樣的「女神」。

女神在以前的意思是指「美麗、善良、完美、潔淨、聰明、品格
高尚」的神，但是在現在，女神已經變成男人想要靠近卻充滿距
離的愛慕對象了。

每個男人心裡都有一個自己的女神，而通常這位女神的外表都是
自己的天菜，又或是有著致命的吸引力。甚至，當旁邊有了伴侶，
男人的心裡還是會對那些女神思思念念，盼望著有一天可以真正
得到她。

而這位女神也通常是女人心裡最大的一根刺，當自己的男人在誇
獎這位女神，說她好美、說她個性多好，說她的一切優點時，女
人心裡的這根刺就不停的在心上刺得她滴血。她們都想要當自己
深愛男人的女神，但是很弔詭的，男人心中的女神，往往都不是
老婆或是女友。

為什麼？答案很簡單，因為當得不到的女神變成躺在身邊流口水的女人時，女神也會變女嬸啊！

距離總是充滿美感，雖然很多女人真的是像女神般存在，她們真的美麗聰明，真的 EQ、IQ 都很高，但是畢竟她們是人不是神，所以她們對於不是最親近的人是女神，但是對於身邊最親密的人來說，她們絕對也是一般凡人。

她們睡覺可能會流口水、會打呼、會磨牙，她們可能房間亂糟糟，亂到沒辦法行走，她們可能對於最親密的人任性妄為、脾氣暴躁，可能她在家的居家邋邊樣會讓你認不出來，可能她在感情關係裡不是一個懂得體貼的女朋友，可能她一切都好但是你就是跟她沒話聊，三個月就膩。

這些你永遠不會知道，因為你沒有真實的擁有過她，沒有真實的長時間跟她相處過，當你沒有體會過跟她從迷戀變平穩的愛情時，你不知道火花會不會很快就消退。

你只會知道你身邊那隻黏人的女孩有點愛哭、素顏時皮膚狀況有點差、月經來前會憂鬱暴躁，偶爾還會有點小任性，所以她當不了你的女神。

但是，親愛的，女神是拿來遠觀的，就是因為得不到、因為有距離，所以女神才之所以為女神。她可能是某位偶像明星、某位你暗戀過的隔壁同學、某位初戀情人，但是別忘記，她的美好都存在於你的想像中。

女神是拿來遠觀的，不是拿來愛的，因為當你們進入一段穩定的關係，半年一年過後，她就不會再是你的女神了。

你真正該愛的是身邊那位就算跟你有了爭執，就算常常被你氣得半死，還是願意為你付出，並且愛著你的小寶貝。

你可以有女神，看看就好，但相信我，當女神真正屬於你時，你可能還會因為敬拜不起而逃之夭夭喔。

寶貝
你對我滿意嗎？

-

親愛的，轉頭問問身邊的她：寶貝，你對我滿意嗎？我想你應該沒有膽子問她這樣的問題吧！

通常在姊妹聚會時，會帶著幸福、驕傲臉龐說自己對男友很滿意的女孩，大概十個只會有兩個，而這兩位通常是一個很容易滿足、對男友沒有特別要求，只要求對方跟她在一起就好的人，另外一個，就是男友真的百般體貼到讓女友沒話說。

你是不是覺得女人很難取悅？怎麼大部分男人都無法滿足女人的心思？

其實身為女性，我必須跟你們聊聊我們的想法。女生的心思大部分比男生細膩，在經營感情上面，我們會想得更多做的更多。就像我寫的這本書，我相信願意好好閱讀的一定是女生佔多數（笑）。

為什麼？因為對於女人來說，愛情在生命中是很重要的一部分。我們想要更了解男人女人的差異、想要知道如何經營感情，不讓感情退燒、想要自己的男人更愛我們。

因為這份努力跟心思，我們也會希望男友多疼愛我們一點，多為我們的感情想一點，因為我們也是這樣付出的啊！

但是該怎麼對她好？她想要什麼？該怎麼做她才會更滿意呢？

像個男人，照顧她、保護她

她跟朋友出去時，如果晚回家，你會不會開口說要去接她？她說她肚子好餓，但是懶得出門時，你會不會買晚餐出現在她家樓下？有些男人會揮著「公主病」大旗說，需要這種服務的女人絕對是有公主病。

但是，在感情裡為對方付出，不是本來就是經營感情之道嗎？想想看，一個父親因為愛女兒，在女兒餓了的時候，會不會買飯給她吃？在女兒晚歸時會不會因為擔心她的安危，想去接她回家？

這不是寵溺，而是因為有愛，所以會想付出、會想照顧好自己愛的人。不用每天、每次都這麼做，但是只要有空，你的這一點付出一定會讓她感受到滿滿的愛跟關心。

反過來說也是一樣的。當你肚子餓了，她也願意煮飯給你吃；你累了，她自願幫你按摩；你生病了，她也願意照顧你。這不是公主病，這只是一種好好疼自己女人的方式。

策畫節日的驚喜

常常聽到男人說，生日要過、情人節也要過，那都是商人的把戲，節日有這麼重要嗎？我想，節日之所以特別，是因為一年只有這一次吧！而且每個節日充滿不同的氛圍跟意義，所以每個女生才會都愛過節。

沒人不愛吃大餐，沒人不愛收禮物，沒有女生會收到男友給自己的驚喜，不會嘴角上揚一整個月的。

女生真的很好哄，上網查一間好餐廳，訂個位不用半小時，思考要送她什麼禮物、打電話跟花店訂一束花，不用一天的時間。女人在意的是你有沒有那個「心」。

看看身邊那些感情幸福的男人，難道每個都是潘安再世嗎？努力充實自己的內涵，讓自己的智慧跟個性都不斷超越進步，成為一個有肩膀、有責任感的男人，能夠讓人感到可以依靠，不是自私的只想到自己，你才有可能破除一直不被喜歡的愛情魔咒喔！

何不訂好機票飯店，告訴她什麼時間空下來，想帶她出國走走當驚喜，她聽到一定會抱著你告訴你她好開心。的確，這些都需要花錢，但是有多少錢做多少事，你對她越大方，她就會越捨不得花你的錢。相反的你對她越小氣，越不想準備任何驚喜，她就會像枯萎的花朵，感受不到被愛而逐漸凋零。

別害怕展現你的愛，放閃吧！

很多男生很不敢在別人面前表現他有多愛自己的女人，因為怕被笑、怕被別人認為不像男人。但是，其實一個有自信的成熟男人，是不怕告訴大家他有多愛他的女人的。

因為一個成熟的人才懂「去愛」，因為他夠成熟懂付出，懂得愛人，才有辦法好好的疼愛他的女人。

他們有自信，所以不怕被其他不成熟的男生訕笑自己太寵女友，他們只會吸引到跟他們一樣成熟的男人、女人，更加欣賞贊同他們。放閃不是要你動不動在臉書上放接吻照或汽車旅館照，而是不避諱在別人面前誇獎她，告訴別人她多好，對你多重要。

或許你可以在臉書上放張合照，告訴大家她是你的天使，又或許你在跟朋友聊天時，可以說你真的覺得好幸運，上帝賜給你這麼棒的女孩；在跟她相處時，你也可以不吝嗇的告訴她你愛她，告訴她你想要讓她幸福。

女人都是聽覺的動物，你真心的告白跟言語會讓她越來越滋潤，越來越美麗。

其實這幾件事看起來很難，但做起來很簡單，也都是不用太累、太犧牲就可以辦到的事，難的是你有沒有把她放在心上，然後認真去執行。要討她開心、讓她幸福真的不難，真的做好了上面這幾點，她就是全世界最幸福的女人了。：）

嘿
不要讓女生傷心好嗎？

-

親愛的，你是不是常常覺得女生的脾氣都陰晴不定，常常一不小心就踩到地雷，接著你就沒有好日子過了？

從小到大，你都不是很懂，為什麼一不小心做錯事、說錯話，媽媽就會大發雷霆、姊姊就會對你吼叫，女人的敏感心思讓你怯步，面對她們的情緒化，你有多麼想要一本使用手冊告訴你，什麼該做什麼不該做。

其實，天下每個女孩都不一樣，我無法告訴你一個絕對的標準答案，但是有幾個大忌，你只要做了這幾件事，絕對！絕對會惹怒她喔！

拿她跟別的女人比較

先生，你交女友是在市場買菜，還需要秤斤秤兩看哪塊肉 Q、哪條魚新鮮嗎？如果你總是對著你的女友說：「A 的腿好瘦、B 的胸部好大、C 的臉好正、D 好有氣質、E 好可愛、F 好體貼……」在誇獎別的女人之餘，還不忘拿來跟她比較，那我也只能說你真的白目到極點啦！

每個人都需要被自己愛的人肯定誇獎，但是如果在你眼裡永遠是別人的女人比較好，那也別怪老天，因為她真的很快就會變成別人的女人囉！

不懂得跟前任保持距離

「最可怕的女人，就是前女友和曾經喜歡過的對象」你聽過這句話嗎？這是一句在女人圈裡流傳的一句話。不論你心裡再怎樣覺得清白，再怎麼對於前女友已經沒感情了，也永遠無法否認你曾經跟她有過一段。

不是說分手了或喜歡過不能再當朋友，但是這個「朋友」的拿捏必須適當：不單獨見面、和共同朋友一起出去也必須只是偶爾。

有些人會說，都是過去式了啊！為什麼不能當朋友呢？請問你有這麼缺朋友，缺到一定要之前的對象當朋友嗎？這個朋友你真的這麼放不下，就算讓女友不開心也沒關係嗎？

請尊重現階段感情的另一半，就是曾經有過愛戀的對象，都必須保持著遠遠的距離，如果硬要踩地雷，也別怪現任女友跑去當前任女友了。反正還是可以繼續跟你當朋友嘛！

只會説，不會做

我常常跟朋友説，當他説要好好疼妳，請他真的做了再來開心。他説要帶妳出國，請他訂好飯店、機票再來開心。他説要為了妳改掉壞習慣，請他真的改掉了超過半年再來開心。

因為有太多的男人只會説卻不會做，他們常常説得非常美好，想要照顧自己的女人、給自己的女人好生活，想要不帶給她眼淚，只帶給她笑容。

但是，偏偏交往之後她總是淚流的比笑還多。當一個女人對妳的期待總是落空，然後開始以不期待就不會受傷害來安慰自己時，你就該知道，當你以後再做出什麼承諾或是説出什麼甜言蜜語，對她來說就會變成只是聽聽就好的話。

沒有一個女孩喜歡發脾氣，請你先搞清楚，她是真的在生氣，還是因為你傷透了她的心？

請不要去做讓她難過的事情，畢竟她才是你生命中最重要的一部分，也是要陪你走過未來每一個風雨的女人，不是嗎？

女人
乖一點才好掌控？

-

你的擇偶標準是什麼？在你喜歡的類型裡，是否包含乖乖的女孩類型？許多男人總是認為，女人乖一點才好掌控、才不會意見太多、想太多。

有一次好友聚會，我們剛好討論到這個問題，一個沒安全感的朋友跟我說：「男人就要找一個單純、沒見過世面的乖女生，這樣當女友，我比較安心」；另一人說：「對啊！好掌控，又不會太複雜的、傻傻的，我才比較有安全感」。

當下我告訴他：「單純沒見過世面的女孩，乖是應該的，但是你就得一輩子保證她都單純下去。不然依我身邊看到的例子，等她們見識到外面世界，或是有別的男生追得比較猛時，第一個跟別人跑掉的也是她們喔。」

我有個朋友，男女方交往五年都快論及婚嫁了，她是國小老師，生活圈很單純。今年初，學校跟企業合辦活動，她認識了裡面的經理，她說那個經理很溫柔體貼、對她很好，不像男友一點都不浪漫。男友跑來問我：「我這五年來，對她問心無愧，雖不溫柔但也體貼，她今天跟我說她沒有被這樣狂熱追求過，覺得那才是她要的，於是要跟我分手，去和那位經理在一起。我到底做錯什麼了？」

這故事絕對不是單一案例。的確，沒被熱烈追求過的女生，很容易掉進愛情漩渦裡。很多女生分辨不出什麼叫做真正的愛情，什麼又叫做一時激情。戀愛的感覺很好，但是我們不可能一直熱戀激情下去。其實，女生也不是那麼難懂，就分這兩種：

甘心讓你控制：

她願意讓你控制她，但是她心裡也會有把尺，默默在衡量這一切。她順著你，因為她愛你、尊重你，你以為你操控了她就可以胡作非為，她可是會頭也不回的走開喔。

真心想被你控制：

很聽你的話，真的都覺得你說的都對。很單純沒心機，但是相對的，他們也很容易被別人操控，除非能保證她永遠不會遇到其他想操控她的男人，否則危機四伏啊。

哪個男生不想要聽話的女朋友？不想要生活圈單純的女朋友？但是每次出現的例子都是女生換了工作、生活圈變大了，突然發現外面世界好棒，於是開始對男友不屑一顧或開始抱怨。所以老實說，如果我是男生，遇見一個沒見過世面的女生選擇了我，我一點都不會覺得開心。

如果我是男生，我要的女人是身邊有形形色色的人，但是因為她看到我的好，她是真的喜歡我這個人，才跟我在一起的。因為這樣的安全感才是真的安全感。

我不怕她容易暈船、不怕她一被捧就忘了自己是誰。所以如果我是男生，我不會鴕鳥心態，專門選一個笨笨傻傻的女生來愛。

我身邊有許多愛情長跑多年，結婚後依然感情如昔的夫妻。這樣的女生通常都是優秀出色的女生，因為她們看過的男生多，才知道自己的另一半原來是這麼好，所以更加珍惜。

她們在愛情裡更堅定、更忠貞，因為她們很清楚自己想要跟怎樣的男人在一起。她們或許不單純，但是她們在看過社會上形形色色的人後，在面臨過很多殘酷與不公平後，還可以維持著本性，可以沒有變了個人，而維持本來的善良與越來越懂得為人著想。她們或許心思很複雜，或許不是這麼好操控，但是她們可以冷靜的看著追求者在玩什麼把戲，也把歷練變成智慧。

經歷過大風大浪，卻還是心甘情願待在你身邊的女孩，不是更令人有安全感嗎？

其實，男女生都一樣，嘗過了人生百態，被熱烈追求過、被狠狠拋棄過、被很多奇怪的花招捧得像女王過、也被人狠狠的把自尊賤踏在地上過後，才會不管遇到什麼都可以處變不驚，可以冷靜的分析狀況，才不會被別人牽著鼻子就走，可以透徹的看清誰才是真正對的人。

不是說這種人就不會出軌，也不會跑走，只是風險比較低，以後遇到的問題也比較少。

人生最悲哀的事，莫過於你曾經很愛的人因為成熟懂事了，跟別人跑了，還後悔當初怎麼會愛上你。

所以，親愛的，你還想要一個沒有見過世面的乖乖牌嗎？

親愛的
我知道你很累

-

親愛的，你最近還好嗎？那些對未來的沒有盼望、對未來的恐懼以及沒有信心，對於自己要扛起的那些幸福，你感覺到沒有把握、對自己失望，這些累積而來的壓力，是不是把你逼迫到牆角，常常讓你覺得不快樂？

身為一個男人所要背負的壓力很多吧！這社會總是把很多期待放在男人身上：社經地位要高、要有豐裕的收入、要有成熟的個性跟會照顧人的貼心，整個家庭的走向握在你手上，你的女人你的孩子幸不幸福，也都是端看你做得有多好，好像其他人的不快樂，你也要一肩扛起。

「那我的快樂呢，誰來在乎？」在你的心裡，應該有一個夢想吧？可能是環遊世界，可能是當個藝術家，或許你喜歡畫畫、喜歡創作音樂、喜歡運動，或想當歌手當演員，但是這些都只是藏在心裡小小的夢想，畢竟從小你就被教導做人要實際、男人要有肩膀，所以你總是懂事得把自己的需要跟情緒收起來。

很累吧！日復一日的過著自己不滿意的生活，想改變卻又沒勇氣，常常覺得自己身體或心裡的某一部分快垮了，但還是靠著自己的意志力堅持下去。

這時候的你需要什麼？你該做些什麼？我必須殘忍地告訴你，我沒有答案。我無法告訴你該怎麼做，畢竟你的快不快樂不是我能給予你答案的。但是，或許我能幫幫你。

找一個願意體貼並且理解你的另一半，並且學會將心裡的話說出口。這個答案或許沒辦法解決你心裡憂愁的來源，卻是一個可以排解憂慮的出口。一個人的壓力跟挫折有沒有人能懂的感覺，差很多。

如果你身邊沒有一個她，我必須告訴你，美貌身材或是其他一切都不是最重要的，重要的是她要有一顆善良體貼的心，能體貼你的需要，體貼你的情緒，體貼你心裡的百轉千迴。

但是這種體貼，請不要期望你不說出口她就能懂。你從小到大的成長、你的思考脈絡跟邏輯、你的情緒可能連自己都不懂了，又要怎麼希望她能全都懂呢？

如果你身邊已經有一個她，而你常常抱怨她不懂你或是感覺到孤獨，請你試著學會開口。不是謾罵不是抱怨，而是試著對她說出你心裡的感覺，將你心裡的話說出口，我相信你的她會理解的，或許還會給你中肯的建議。畢竟，是她一直在你旁邊陪著你的。她愛你，她會希望你快樂。當你身邊最親近的人鼓勵你、體貼你、

給你力量的時候，你心裡扛的那些壓力跟不快樂才會像找到人陪你一起分擔一樣，而你也不再孤獨。

很多男人無法將自己的壓力跟不快樂說出口，可能因為面子、自尊，或是想要逃避、麻痺，但是，我想告訴你，愛你的她會很願意聽你說自己的壓力的，她只怕你不講，什麼都不願意與她溝通或敞開心胸。如果你願意開口，她一定會用力地抱著你，跟你說：「親愛的，我知道你很累。」

如果她不理解甚至批評你，或是發脾氣呢？那麼，首先請先反省自己是不是同樣的也忽略了她的需求，讓她感覺不平衡？或是你心裡永遠只專注在你自己的那些感覺，而不去思考你們之間的關係。

如果都沒有，她也只是因為她開心就鬧情緒，一點都沒有想體貼你的意思，那這樣的女人就是「自私」而已。剛好趁這個時間好好思考，你的下半輩子是否要跟這樣的女人過吧！

行動派的男人

-

「我們愛，不可只用言語，也不可只用口舌，而要用行動和事實。」

你是個言出必行的男人嗎？你所做的承諾、計畫的未來、策畫的感情經營之道，你都有付出行動去執行嗎？又或者，你通常只是說說就忘記，熱情一過就怠惰？

常有人說：「不要聽男人說了什麼，要看他做了什麼。」就是因為用說的總是不費力氣，但是當要去執行時，能跨出第一步願意去實踐的人很少，而要有毅力能一路貫徹到底，就更少了。

女人都愛聽「甜言蜜語」，但是這邊說的是：因為你心裡的「甜」，而「言」出如「蜜」的話「語」，接著重點是「言出必行」。

我和一種類型的男人交往過，這種人總是把未來想得很美好，在他心裡有許多對於未來的想像（當然，這是好的，有思考總比且看且走來得好）。剛交往時，他就抱著一定讓我幸福快樂的決心，那種炙熱跟愛，每天都讓我感覺好幸福。

交往中期他開始帶著我畫出未來的藍圖，每一年、每一步、每一個人生計畫，他都策劃好了，很甜蜜吧！但是我的心裡卻感覺不到踏實，因為他那初期的熱切變成冷卻，那未來的想像，最後卻讓我對未來不敢想像。

他說謊了嗎？不，他沒有，他句句屬實，每句話都是因內心感動而說出來的。只是，他總是在心裡完成他想做的事，都只是「空想」。這樣的男人是諸葛孔明，但是，再好的軍事謀略家，如果沒有幫他打戰的將領，一切也只是紙上談兵。

就在一次又一次的期待落空後，我開始對他的話抱著只聽一半（甚至更少）的態度，「不期不待，不受傷害」變成我對於他這個人最後的記憶。

他錯在哪？

他沒有做出什麼不可饒恕的錯誤，但是愛情裡的殺手有分兩種：一種是立即斃命的毒藥，例如外遇家暴爭執等等；另一種是慢性的凌遲。當他永遠只會當謀略家，卻總是無法當個行動家時，女人便對他沒有了信賴，那愛情就會岌岌可危。

親愛的，我沒有要指責你總是對未來抱有期待跟計劃，也不是要你從此以後都不要做出承諾、不要計畫或不要策劃未來的事，更不是要你不帶著她一起做出對未來的想像。

你有那顆心、那份責任感、那樣愛護她的心，一定會令她感動暖心的，但是，希望你能夠在策畫之後，一一完成這些計畫，畢竟沒有去實行的計畫就等於沒有計畫，沒有用心努力經營的愛情，終究只會變成親情。

哥們娘們，哪個重要？

-

親愛的，你被女友抱怨過你總是比較重視哥們嗎？

我記得以前我最愛問男友的一句話就是：「在你心裡的排行榜裡面，我排第幾？」這時候識相的男生就會說：「當然是你排第一阿！」而過於誠實或是白目的男生就會把你排在除了第一名的名次。

我相信除了我，一定有大部分的女生問過男友這個問題，如果聽到在自己前面的是家人，心裡還不會這麼不舒服，但是如果排在前面的是事業或朋友，這時候女人大概只會有兩種反應：哭泣或暴怒。

但是，後來我就再也不問這個問題了，因為會要自己男友在朋友跟愛情間只能選一個的女人太不成熟了。看到這你是否覺得「對嘛，她每次都要跟我吵我比較重視哥們，真的是很幼稚。」

不是的，我不是說她很幼稚，而是愛情跟友情本來就沒必要只能選一個。而且懂得負責跟認真這段關係的男人，不會讓她感受到哥們比女人還重要。

我聽說在男人圈裡有一個名稱叫做：馬子狗。意思是指那些有了女朋友，就凡事以女友為重，約不出來也找不到人的男人。而就算好不容易約出來了，可能女友一通電話就提前離開，或是要去接送女友就不見人影。

愛面子的男人通常都不想被哥們瞧不起，所以在朋友面前，都要表現的不在乎女友。

有些人是覺得跟哥們在一起就是輕鬆又自在，比起女人敏感的情緒，處理哥們就只要酒量夠好，垃圾話夠多就好了，女人那些敏感的心思，有時候只是忘了幫她拿包包，忘了牽她的手，她的臉就可以臭一整個下午。

這樣想起來，重視哥們，把時間留給哥們，女友需要你時找不到妳，但是哥們找你唱歌喝酒總是一 CALL 就到，似乎是合理的事吧？

我想問你一個問題：「未來會跟你組成家庭，陪你一輩子，不離不棄跟你有最親密關係的會是誰？」我想應該不會是那些哥們吧？

每個人的心中應該都有一個關係金字塔，最底端就是泛泛之交，最頂端就是最親密的人，可能是爸爸媽媽爺爺奶奶或是老婆孩子。《聖經》裡的馬太福音說：「因此，人要離開父母，與妻子連合，二人成為一體。」既然如此，夫妻不再是兩個人，是一體的了。

你老了之後，爸爸媽媽會回到天國，孩子會自己成家立業，而真正要跟你相伴終老的，排在你金字塔頂端的就是妻子，如果你連在她還不是你老婆時就不願意花時間陪她，那也別說大話結婚之後激情少了，你反而會更願意把重心轉移到她身上。

在擁有愛情的同時，你也可以擁有友情。每個禮拜一兩天你可以跟哥們聚會，但是我想你花在他們身上的時間不能比她少。你可以跟他們打球、聚會、man's talk，但是請你不要總是懶得跟她聊天，懶得陪她看電影，懶得帶她去旅行。除非你以後想娶的是你的哥們，除非以後當你病了老了，幫你翻身拍背帶你出去曬太陽的是你哥們。

你可能想問我，但是她現在也不過是我女朋友，又還不是我老婆！嘿，那我想問你，如果沒打算要結婚，那你們現在交往為的是騎驢找馬還是遊戲人間嗎？而且如果朋友比她重要，那她幹嘛不當你的紅粉知己就好，還要當妳的女人為你傷神？

最後，如果你的女友總是過於極端的不喜歡你跟朋友相處的時間，請你好好跟她溝通，告訴他人生需要平衡，她在你心裡是最重要的，但是偶爾你也需要有一些跟朋友的時間。如果她還是無法接受、無法改變怎麼辦？那就要請你拿出你的智慧去衡量，你是否能接受囉！

改變自己的勇氣

-

親愛的，你有什麼缺點，你知道嗎？我想你應該很清楚吧！不只
是對自己清楚，也了解身邊的人對你的抱怨。

只是，人很奇怪，通常在聽到別人指著自己說不足時，第一個反
應總是「否認」，然後接著就是動怒。

我的某任男友對這種事的反應更是激動──當我在感情裡感覺到
不舒服或是有什麼想法時，善於溝通的我會想讓他知道，但是不
論我是平心靜氣的告訴他，或是帶著怒氣的語氣跟他說，他的第
一個反應都是「我哪有！」然後找一堆理由跟藉口解釋，接著就
是開始發脾氣指責都是我的問題。

在這樣的關係裡，我感到很無力，因為我用盡全力去溝通都無疾
而終，他總是不肯承認他的錯誤或是不足，而且不只對我，他對
待他身邊的朋友或家人也是一樣的態度。最後，這段感情也因為
這樣而無法走到最後。

在分開的當下，我只覺得是個性不合，也不知道其實是因為他不
願面對自己不足，不願意改變的性格，於是在感情裡只能折騰彼

此。後來我遇到一個人，當我告訴他我認為他哪裡可以做得更好、我指出他的不足時，他第一個反應是告訴我，在感情裡他還有很多需要學習的地方，為了我也為了讓自己更好，他願意改變。而他也不只嘴上說說，往後的日子裡，我也真的感覺到他在努力做改變。

在愛情的關係裡，一樣的問題我用一樣的方式跟兩個不一樣的人說過，他們所呈現出來的情緒跟結果卻大不相同。

我能理解之前的他想要反擊的原因，因為這就是人性，總是想要否認自己的缺點，防衛自己，不想承認自己的不好。但是，這樣的反應在愛情裡沒有助益，也只會讓感情更後退以及產生更多爭執。

親愛的，你是最了解自己的人，你一定清楚知道自己有什麼樣的缺點，也知道當你願意做什麼改變時，你會變得更好。逃避這些缺點並不會讓這些缺點消失，只會讓你身邊的人感到不舒服不自在，甚至會讓他們嘗試想要離你遠去而已。

因為世界上除了神對你的愛是不變的外，沒有人應該要一直愛你永不離開，更何況當你自私的不願意承認錯誤、不在愛情裡聆聽對方聲音然後嘗試改進時，你又憑什麼要別人一直愛你呢？

或許你會說：「愛我的人就應該要包容我的全部」，那我想請問，讓你愛的人一直接受、忍受你的缺點，難道就是你愛她的方式嗎？

試著聆聽另一半的聲音吧！學會聆聽，然後面對自己的不足，用盡全力去改進，經營你們之間的關係，當一個勇敢的人。

你知道嗎？願意勇敢面對自己不足的人是多麼有魅力，因為這才是一個真正成熟的男人。

人生
最難的課題

-

親愛的，你有嘗試畫過一個圓餅圖，把你一個禮拜的時間劃分出來，檢視自己的時間跟心力都花在什麼身上嗎？如果沒有，現在給自己十分鐘的時間，試著畫畫看吧！

很有趣的，這張圖我請男人跟女人畫出來的結果通常都不一樣，女人畫出來的通常是愛情佔了大部分的時間，而男人通常是工作跟哥兒們聚會占了大部分。

這是不是代表男人比較不需要愛？其實不是的。男人比較傾向於解決簡單、邏輯性、理性的問題，好比工作，他只要夠努力夠打拼，就可以賺到錢可以往上爬。但是面對感情課題，這種就算有滿腦子的聰明跟理性，都不一定能談得好的事情，對於男人來說，是一件最困難的事。

所以，我們常會看到在感情裡，女人總是絞盡腦汁去思考兩個人的關係，去經營以及掌控愛情的溫度，去思考兩個人現在處於怎樣的階段，不斷的審視自己的愛情狀況，但是男人在這方面總是被動消極。

親愛的，你知道嗎？人這一輩子有非常多課題要做。包括「賺錢吃飯」、「人際關係」、以及「愛人」。

這是由簡而難的排列。其實要讀好書、做好工作、賺到錢，很簡單，只要夠努力都可以有所回報，但是要處理跟其他人的關係卻不簡單。打好你跟你的同學、同事、朋友、親戚之間的關係，比做好「事情」還要困難。

所以，常常會看到很多人開始逃避人生該面對的課題，選擇把自己百分百的投入工作，當個工作狂，這樣就不用面對這麼多惱人的跟「人」有關的課題了。

人的問題永遠是最難處理的，何況是包含了情感的愛人？跟最親的家人、最愛的情人（伴侶）等之間的關係又是生命中最難處理的課題，所以，很多人逃避、不去面對、不去處理，或用情緒綁架他人也綁架自己，被情緒支配。

「愛人」很難，「被愛」也不簡單，在這三個人生的課題裡你一點都不孤單，每個人都有自己的弱項，活著的每一天也都在學習。

所以，親愛的，別怕做得不好，怕的是逃避，而乾脆不去面對。在愛情裡，任何事情跟情緒以及問題都是會反噬的，明明你知道你們的愛情裡有問題，但是你一再的逃避不去溝通、不去解決，這些到最後都只會讓問題變得更大，大到你無法忽視，甚至讓你原本擁有的從你手中溜走。

又或是，你總覺得你們的感情沒什麼大問題，但是你卻知道，能維持住現在的甜蜜跟關係是她非常努力經營下來的結果，你坐享其成的享受這些甜蜜。你知道其實沒有一段感情可以談得這麼輕鬆，你現在擁有的都是她付出所有而換來的。

勇敢面對這些課題吧！逃不掉的，就正視它。愛情是人生很難的課題沒錯，所以才更需要你花心思跟心力去好好面對、思考跟經營。別再把這件事當作是女人的責任，她在感情裡撐久了也會累的。

在工作上大放異彩是你的能力，但是可以照顧好工作又可以經營好感情，才是你的真本事，也是你人生裡最該處理好的課題跟責任喔。加油！

結語

-

親愛的，看完這 32 封情書，現在你的心裡有什麼樣的感覺？充滿愧疚？不平？感動？悲傷？憤恨？還是充滿愛在心裡？

不管你有著什麼樣的情緒，我希望看完這些情書的你，能夠沉澱自己的心，思考下面這三件事情：

1. 你真正想要的對象是怎樣的對象，你本來以為你想要的真的是你想要的嗎？

2. 你所謂愛的定義是什麼？

3. 所謂被愛的定義又是什麼？

給自己一個小時，甚至一天的時間好好思考，我相信你從來沒有這樣認真的問過自己。

因為所有感情的幸福都是建立在了解自己之上，而了解自己就是透過不斷跟自己對話，留給自己獨處空間，去思考你從來沒有專心想過甚至逃避的問題。然後了解自己之後就是愛自己、肯定自

己，讓自己環繞在充滿正向的人事物環境裡，別囫圇吞棗，別將負面的人事物留在自己身邊。最後就是懂得愛是怎麼一回事，你該要怎麼給予愛、定義屬於自己的愛，也要懂得對方想要怎樣的愛。

我不會告訴你了解自己→愛自己→懂得愛對方這段過程有多簡單。因為這或許會很痛苦，很掙扎，會要面對好多醜陋以及難堪跟破碎，但是花兒會陪著你。

我希望這本書能陪著你走過很多年頭，不論你是被愛，正在愛，或是不被愛，或是等待愛的人生階段，這些情書總有一篇，總有一句話在告訴你該怎麼做，在對你的心喊話。

最後，我想送給你一句話，希望你把這句話放在心中一輩子：「愛不是索取，而是給予。懂得付出跟犧牲，才是真愛。」

謝辭

-

沒什麼，只想跟你們說一聲謝謝。

我想要在這裡特別感謝一些人，因為有他們，才有這本書。

謝謝我的阿公。他是我心中最大的支柱，想讓他感覺到驕傲才有成為作家的我。

謝謝我的爸爸媽媽。他們不限制我想做什麼、不給我壓力，讓我自由地發揮。

謝謝我的 Muse：Iverson，你給了我許多靈感跟鼓勵支持。

謝謝我的 soul mate 芷霖，謝謝妳在我低潮時，給我力量。

謝謝攝影師梨寶，妳總是可以把人的神韻抓得這麼美。

也謝謝這本書的推薦人呂秋遠、Selena、張香香、王樹偉，你們都是比我更內外兼具的 icon ！

還要謝謝提供場地拍攝的真愛桃花源。

最後，感謝我的天父，謝謝祢賜給我祢的筆，感動我，讓我寫出超乎我智慧跟經驗的文字去祝福他人，所以我要將這本書獻給祢。

我愛你們。謝謝。：）

A Love Letter For You

寫給你的情書

作　　　者	花花	
攝　　　影	梨寶	
攝 影 協 力	王韻雅	
造　　　型	彭彥菱	
責 任 編 輯	許瑜珊	
內 頁 設 計	蘇孝朋	
封 面 設 計	蘇孝朋	
場 地 協 力	真愛桃花源婚紗攝影基地	
行 銷 企 畫	辛政遠	
總　編　輯	姚蜀芸	
副　社　長	黃錫鉉	
總　經　理	吳濱伶	
發　行　人	何飛鵬	

出　　　版　創意市集

發　　　行　英屬蓋曼群島商家庭傳媒
　　　　　　股份有限公司城邦分公司

香港發行所　城邦（香港）出版集團有限公司
　　　　　　香港灣仔駱克道 193 號東超商業中心 1 樓
　　　　　　電話：(852) 25086231
　　　　　　傳真：(852) 25789337
　　　　　　E-mail：hkcite@biznetvigator.com

馬新發行所　城邦（馬新）出版集團
　　　　　　Cite (M) Sdn Bhd
　　　　　　41, Jalan Radin Anum, Bandar Baru Sri Petaling,
　　　　　　57000 Kuala Lumpur, Malaysia.
　　　　　　電話：(603) 90578822
　　　　　　傳真：(603) 90576622
　　　　　　E-mail：cite@cite.com.my

展 售 門 市　台北市民生東路二段 141 號 1 樓
製 版 印 刷　凱林彩印股份有限公司
初 版 一 刷　2016（民 105）年 4 月
I S B N　978-986-92618-4-5
定　　　價　320 元

若書籍外觀有破損、缺頁、裝訂錯誤等不完整現象,想要
換書、退書,或您有大量購書的需求服務,都請與客服中
心聯繫。

客戶服務中心

地址:10483 台北市中山區民生東路二段 141 號 B1
服務電話:(02)2500-7718、(02)2500-7719
服務時間:週一至週五 9:30 ~ 18:00
24 小時傳真專線:(02)2500-1990 ~ 3
E-mail:service@readingclub.com.tw

國家圖書館出版品預行編目(CIP)資料

寫給你的情書 / 花花著.
-- 初版 . -- 臺北市:創意市集出版:
家庭傳媒城邦分公司發行 , 民 105.04
面 ; 公分
ISBN 978-986-92618-4-5(平裝)

1. 兩性關係 2. 戀愛

544.7   104028543